で身につく

取引相場のない株式に係る 承継手法と株価引下げの

ミライズ税理士法人

税理士 楠美 智弘

税理士 加藤 舜 著

税務経理協会

はじめに

中小企業の円滑な事業承継は日本経済の喫緊の課題です。中小企業庁のデータによると，2020 年時点で中小企業の経営者の年齢は「60 歳～74 歳」が最も多く，経営者が高齢化していることがわかります。中小企業庁も事業承継を活性化させるため「事業承継税制」を創設し，近年ではその要件を大幅に緩和していますが適用実績は伸びず，普及しているとは言い難い状況です。

なぜ，中小企業の事業承継は進まないのでしょうか。もちろん，後継者の不在や後継者の能力不足，経営者の経営判断によるところもありますが，その原因の多くは「税金」の問題であると考えています。したがって，事業承継を円滑に進めるためには税金の問題を解決する必要があります。そしてこの問題に寄り添い，解決すべきなのは，当然ながら税金の専門家である税理士であり会計事務所です。近年では，事業承継についてセミナー等で最新の承継手法を学んだり，金融機関から承継手法の提案を受けたりする経営者も増え，それがきっかけとなり，会計事務所が事業承継の相談を受ける機会は非常に多くなっているのではないでしょうか。

一方で，事業承継は判断を間違えると，思わぬところで多額の課税が降りかかってくる可能性があり，明確な回答をすることに及び腰になってしまうこともあるかと思います。会計事務所の業務の大部分はいわゆる顧問業務であることが多く，事業承継には普段馴染みがなかったり，相続税や会社法に苦手意識を持つ方も多いのではないかと思います。経営者から受けた事業承継の相談に対して的確でスピーディーな回答をすることが難しい，というのが事業承継の分野であり，現場の実態ではないでしょうか。

本書には，事業承継対策において筆者が経験した「ヒヤリハット事例」を多数掲載しています。 内容の構成としては，第 1 章では株式の評価額を引き下げる手法，第 2 章では株式の承継手法，最後に第 3 章では株式の集約手法の基本論点をそれぞれ整理した上で，関連する「ヒヤリハット事例」を掲載しています。実務的な内容をなるべくわかりやすく，平易な文章でたくさん盛り込みました。本書を通じて失敗を間接経験していただくことで，実践ですぐに役立つ内容になっています。

中小企業の経営者にとって最も身近な専門家は税理士です。私たち税理士，会計事務所が経営者の事業承継問題に寄り添い，最良の解決策を導くため，本書が一助になることを願っています。

最後になりますが，本書の刊行にあたり大変なご尽力をいただきました税務経理協会の中村謙一氏に心から感謝申し上げます。

2024 年 3 月

楠美　智弘

加藤　舜

なお，本文中の法令は下記のとおり表記します。

相続税法 → 相法

財産評価基本通達 → 評基通

法人税法 → 法法

租税特別措置法 → 措法

CONTENTS

第２章　取引相場のない株式の承継手法のキホン

第３章　株式集約のポイント

第1章

取引相場のない株式の評価額引下げのキホン

1　類似業種比準価額の引下げ

(1)　取引相場のない株式の評価方法

相続税・贈与税の課税において，相続人・受贈者の取得した財産の価額は「その取得の時における時価による（相法22)」とされています。そして，時価の具体的な計算方法は，財産評価基本通達によって定められています。

取引相場のない株式の評価は，直前決算期における財務・損益の状況に着目した「類似業種比準価額」と，課税時期における資産・負債の時価に着目した「純資産価額」を，売上高・総資産・従業員数に応じた「会社規模」ごとに定められた割合により組み合わせて算定します。

一般に，類似業種比準価額は直前期の業績や株式市況の影響を受け上下しやすく，純資産価額は会社の保有する資産価値を示すため上下しにくいという性質があります。この性質から，株価の引下げを検討する際には，まず類似業種比準価額の引下げが可能かどうかを確認することが多いです。

(2)　類似業種比準価額の計算

類似業種比準価額の計算式は以下のとおりです（評基通180)。

$$A \times \frac{\frac{Ⓑ}{B} + \frac{Ⓒ}{C} + \frac{Ⓓ}{D}}{3} \times 斟酌率(0.5〜0.7)$$

A …類似業種の上場会社の株価（①当月，②前月，③前々月，④前年平均，⑤当月以前24か月平均のいずれかを有利選択）

B …類似業種の上場会社の1株当たり配当金額

C …類似業種の上場会社の 1 株当たり利益金額

D …類似業種の上場会社の 1 株当たり簿価純資産額

Ⓑ…評価会社の 1 株当たり配当金額（0.1 円未満切捨て）

Ⓒ…評価会社の 1 株当たり利益金額（円未満切捨て）

Ⓓ…評価会社の 1 株当たり簿価純資産額（円未満切捨て）

斟酌率…大会社：0.7，中会社 0.6，小会社：0.5

なお，評価会社の「1 株当たり」の計算においては，評価会社の資本金等の額を 50 円で除した数を発行済株式数と仮定して計算します。いったん 50 円当たりの比準価額を求めた後に，評価会社本来の発行済株式数による 1 株当たりの比準価額へ修正計算を行うこととなります。

(3)　1 株当たり各比準要素の計算

評価会社の 1 株当たり配当金額Ⓑについては，直前期末以前 2 年間に効力が発生した配当金をもとに算定します。後述する 1 株当たり利益金額Ⓒのような有利選択はなく，2 年間の平均額が配当金額とされますので留意してください。なお，特別配当や記念配当，資本の払戻し，みなし配当等については除外して算定します。法人税申告書別表 1，別表 4，株主資本等変動計算書などから数値を確認します。

評価会社の 1 株当たり利益金額Ⓒについては，直前期末以前 1 年間の利益金額（課税所得金額＋益金不算入の配当金－その配当金にかかる所得税＋繰越欠損金の控除額）をもとに算定しますが，直前期末以前 2 年間の平均値との有利選択が可能です。なお，非経常的な利益金額（非経常的な損失がある場合には利益から控除します）については，課税所得金額から除外して算定します。法人税申告書別表 4，別表 6（1），損益計算書，雑収入等の内訳書などから数値を確認します。

評価会社の1株当たり簿価純資産額Ⓓについては，直前期末における税務上の簿価純資産（資本金等の額＋利益積立金額）をもとに算定します。法人税申告書別表5（1）から数値を確認します。

(4) 類似業種比準価額の引下げ

類似業種比準価額は，①上場株価，②上場企業の配当・利益・純資産の状況，③評価会社の配当・利益・純資産の状況によって上下します。①・③は低い方が，②は高い方が有利（株価が低くなる）となります。

納税者が能動的に株価を引き下げようとする場合，上記①・②は操作できませんから，③について利益の引下げを行うことが一般的です。本業の利益を減少させることは経営上好ましくありませんので，何らかの一時的な損金を計上することが主な検討事項となります。代表的な対策としては，役員退職金の支給，設備投資による特別償却(※)，オペレーティングリース投資，生命保険料の支払いなどがあります。

(※) 中小企業投資促進税制（新品機械等の30％償却），中小企業経営強化税制（機械，建物附属設備，備品等の100％償却），地域未来投資促進税制（建物・構築物等の20％償却）など

（例）

業種	自動車部品製造業
会社規模	大会社
配当金額	0円
簿価純資産額	5億円
パターンA	利益5,000万円のときの類似業種比準価額（＝株価）：1億5,000万円
パターンB	利益0円のときの類似業種比準価額（＝株価）：6,000万円

会社規模が大会社である場合，その株価は類似業種比準価額により算定します。上記（例）のように配当金額を0円，簿価純資産額を5億円としたとき，利

益が 5,000 万円生じている場合（パターン A）と 0 円（パターン B）の場合とでは，株価に 9,000 万円の差が生じます。

このように，利益金額の多寡によって類似業種比準価額は大きく変動するため，役員退職金の支給等により一時的な損金を計上し利益金額を減少させることが，株価を引き下げる手法の 1 つとなります。

ヒヤリハット事例

役員退職金の支給により利益の引下げを行ったが，生命保険契約の解約返戻金による雑収入を考慮していなかった。

役員退職金により利益の引下げを行う際に気を付けたいのが，生命保険の解約益です。保険の解約返戻金を原資に退職金を支給する場合には，退職金による損金とともに，保険解約による益金が計上されることが多く，想定より利益水準が引き下がらないケースがあります。

【事例】

営業利益	1 億円
役員退職金	1 億円支給
保険解約金	1 億円（保険積立金の資産計上額 6,000 万円）

役員退職金により利益がゼロとなることを想定していたが，保険解約による益金 4,000 万円を考慮していなかったため，株価が想定より引き下がらなかった。

ヒヤリハット事例

利益の引下げが税務調査により否認され，株価についても修正となってしまった。

類似業種比準価額の計算は法人税の所得金額が基礎となりますので，利益引下げの手法は法人税法上損金に算入されるものである必要があります。仮装経理などが認められないことはもちろんのこと，役員賞与（事前確定届出給与については損金算入されます）や賞与・退職引当金の計上などは活用できません。

また，一度損金に算入して申告したものの，後から税務調査で否認された場合には，当初申告における所得金額を採用して算定した株価（により申告した贈与税）の修正が必要となります。

役員退職金について退職の事実が認められなかったケースや過大退職金として否認されたケース，期末直前に導入した機械について特別償却を適用したが事業供用が認められなかったケースなどにおいては，法人税の追徴課税・その附帯税に加えて贈与税の修正申告による税負担が生じ，思わぬ資金流出を招くことがありますので注意が必要です。

ヒヤリハット事例

役員退職金の支給により利益の引下げを行ったが，支給された退職金の承継にかかる税負担を考慮していなかった。

役員退職金の支給により利益の引下げを行う場合，その支給による株価の変動だけでなく，オーナーの相続財産全体の変動についても検討することが重要です。退職金の支給を受けたオーナーにおいては，その受けた金銭についても次世代に承継していくこととなり，相続・贈与にかかる税負担が生じることに注意が必要です。

【事例】

対策前株価	3 億円
退職金支給額	1 億 5,000 万円
対策後株価	2 億円

退職金支給により株価は 1 億円減少しているものの，個人財産が 1 億 5,000 万円増加（所得税・住民税は考慮外）しているため，結果として相続財産が増加している。このケースでは，株式の承継時点では退職金を支給せず，オーナーの死亡時に非課税枠の範囲内で死亡退職金（＋弔慰金）を支給する方が，少ない税負担で資産を承継することが可能となる。

もっとも，受けた退職金を活用して相続対策（分散贈与や不動産購入など）が可能な場合や，円滑な遺産分割のためオーナーに金銭が必要な場合などは，退職金支給が有効といえるだろう。

ヒヤリハット事例

利益の引下げによって特定の評価会社に該当してしまった。

利益の引下げによって株価が引き下がるのは，あくまでも類似業種比準価額が採用できることが前提となります。「比準要素数 1 の会社（評基通 189-2）」「株式等保有特定会社（評基通 189-3）」など，特定の評価会社に該当してしまうと，そもそも類似業種比準価額が採用できなかったり，採用割合（L の割合）が大きく低下し，株価が引き下がらない，又は上昇してしまうことがあります。

類似業種比準価額を継続して引き下げようとした結果，配当ゼロ・利益ゼロが 2 年続いてしまうことで比準要素数 1 の会社に該当するケース（L＝0.25），退職金の支給によって現預金が減少することで，資産に占める子会社株式の割合が50%以上となり，株式等保有特定会社に該当するケース（L＝0）などには注意が必要です。

ヒヤリハット事例

利益の引下げを行ったが，類似業種比準価額が採用できないタイミングであった。

類似業種比準価額が過去 2～3 年の実績によってその評価を算定する性質上，組織再編（合併や会社分割）を行った場合には，会社・事業の単位が課税時期と過去の実績とで整合しなくなり，類似業種比準価額が採用できない期間が生じます。

利益水準の引き下がるタイミングがある際，直近数年において組織再編があった場合には，類似業種比準価額が採用できる時期であるかどうかについても，検討を忘れないようにしてください。

2　純資産価額の引下げ

取引相場のない株式の評価方法のうち，純資産価額方式とは，会社の総資産から負債及び評価差額に対する法人税額等相当額を控除して計算する方式をいいます。このとき，会社の総資産，負債については帳簿価額から相続税評価額に洗い替えます。

純資産価額の計算式
総資産（相続税評価額）－負債（相続税評価額）－法人税額等相当額（※）＝純資産価額

（※）｛（総資産（相続税評価額）－負債（相続税評価額））－（総資産（帳簿価額）－負債（帳簿価額））｝×37％

総資産のうち帳簿価額に含み損益がある代表的なものとしては，不動産，有価証券，保険積立金が挙げられます。

不動産については，含み損益の他にも借地権計上の検討が必要になります。評価会社が土地を借り，その上に建物を所有している場合には，不動産の権利関係を明確にすることが肝要です。方法としては，勘定科目内訳書のうち地代家賃等の内訳書にて地代の支払先を確認する，などが考えられます。

保険積立金については，資産計上されている保険契約以外にも，保険料支払時に全額損金計上されている，いわゆる全損タイプの保険が漏れやすいので注意が必要です。

負債については，帳簿に計上されていない未払項目に漏れがないか確認が必要です。課税時期時点において，支払が確定している退職金，租税公課，配当金等がないかヒアリングしましょう。

純資産価額を引き下げる代表的な手法としては，役員退職金の支給と不動産の購入が挙げられます。役員退職金を支給すると会社の資産が減るため純資産価額も減少します。不動産を購入すると，不動産の購入代金（時価）分だけ資産が減り（借入れによる場合には負債が増え），購入した不動産は，時価と比較して低い評価額（相続税評価額）にて資産計上されます。これは，時価と相続税評価額の乖離を利用する方法です。

なお，不動産の購入においては，法人限定のルールとして，課税時期前３年以内に購入した不動産につき通常の取引価額（時価）で評価する必要があります。したがって，購入後すぐに引下げの効果が出ない点は注意が必要です。

また，法人税法上の時価を算定する際の純資産価額は，土地については時価に，上場株式については課税時期当日の時価に，洗い替える必要があります。事業承継の手法に変更があり，法人税法上の時価を算定する必要がある場合には，洗い替えを失念しないよう注意しましょう。

ヒヤリハット事例

課税時期前３年以内に購入した不動産について，通常の取引価額（時価）で評価することを失念していた。

課税時期前３年以内に購入した不動産は，相続税評価額ではなく，通常の取引価額（時価）で評価する必要があります。最近購入した不動産はないか，評価する際には登記簿謄本等をしっかり確認し，取得時期をチェックしないと漏れてしまいます。また，対象範囲は，土地，建物だけでなく，建物附属設備，構築物も含みます。個人の相続税評価にはない論点であり，見逃しやすいので注意が必要です。

【事例】

・課税時期から２年前に購入した土地

・相続税評価額　8,000 万円

・通常の取引価額（時価）　1 億円

課税時期から 2 年前に購入した土地を誤って相続税評価額で評価し，その株価を基に 110 万円の範囲内で暦年贈与をしたが，通常の取引価額（時価）で評価すると，贈与額が 110 万円を超えてしまうことが判明し，贈与税が無申告の状態となってしまった。

ヒヤリハット事例

会社規模が大会社であるにもかかわらず，純資産価額の算定にこだわってしまった。

取引相場のない株式の評価は，会社規模に応じて類似業種比準価額と純資産価額をブレンドして算定します。ただし，大会社の場合には，類似業種比準価額を 100%採用できますので，場合によっては純資産価額方式による算定が必要ないケースもあります。取引相場のない株式の評価には，純資産価額方式による算定が必要であるという先入観から，評価に時間をかけすぎてしまったり，お客様に不要な資料や報酬を請求することのないよう注意しましょう。

【事例】

会社規模	大会社
類似業種比準価額	@1,000 円
純資産価額（一部未確定）	@5,000 円
純資産価額（確定）	@4,980 円

（※）「@」は「1 株当たり」という意味で用いています。

・お客様から早急に相続税評価額を計算してほしいとの依頼あり
・純資産価額のうち不動産や保険等の評価は完了
・ゴルフ会員権の評価だけお客様からの資料が届かず未確定

お客様に対して「ゴルフ会員権の資料が届かないと正確な株価が算定できません」と回答していたが，資料が届き純資産価額を確定（@4,980 円）させたとしても，採用されるのは明らかに類似業種比準価額（@1,000 円）であったため，お客様からの資料を待たずとも株価の算定が完了していた。

ヒヤリハット事例

現物出資等受入差額に対する検討を失念した。

過去に組織再編をしている場合，注意すべきなのは現物出資等受入差額の検討です。組織再編により子会社株式を受け入れることとなった会社は，その子会社株式を評価する際，その再編時において生じている含み益部分（子会社株式の相続税評価額と帳簿価額の差額）については，法人税額等相当額を控除することができません（評基通 186-3）。この含み益部分を現物出資等受入差額といいます。過去の組織再編については，直近の申告書，決算書から把握するのが困難であり，実務上，漏れやすい論点です。

【事例】

組織再編で取得した子会社株式	
取得時の相続税評価額	8,000 万円
取得時の帳簿価額	1,000 万円

子会社株式の含み益について現物出資等受入差額を考慮せずに，法人税額等

相当額を控除して株価を算定していたが，過去に組織再編にて取得した株式であることが判明し，評価を間違えてしまった。

〈参考〉現物出資等受入差額に対する法人税額等相当額

（8,000万円－1,000万円）×37%＝2,590万円

3　会社規模区分の引上げ

取引相場のない株式の評価は，会社規模に応じて，類似業種比準価額と純資産価額をブレンドして算定します。会社規模が大きくなるにつれ類似業種比準価額の割合が増えます。一般的には，類似業種比準価額の方が純資産価額よりも評価額が低くなるため，会社規模が大きければ大きいほど，相続税評価額が下がる傾向にあります。

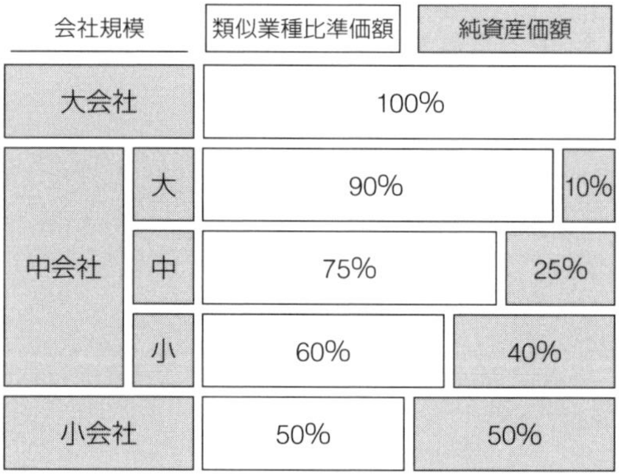

会社規模は，会社の売上高，総資産，従業員数に応じて決まります。

また，業種区分によって金額や人数の基準が異なり，①卸売業，②小売・サービス業，③それ以外の業種のいずれに該当するかを判断し，判定を行います。複数の事業を営んでいる場合には，売上高のうち最も高い割合を占める事業をもとに業種区分を判定します。

会社規模が切り替わる基準値付近にある会社については，売上高の少しの変動で会社規模が上下し，株価に影響が出ます。また，2社が合併することで会社規模が大きくなると，1社ずつの株価の合計よりも合併後の株価の方が小さくなることがあります。

[会社規模の判定]

従業員数70人以上：大会社
従業員数70人未満：取引高基準or総資産基準のいずれか大きい区分

<table>
<tr><th rowspan="6">取引高基準</th><th>卸売業</th><th>小売
サービス</th><th>製造
その他</th><th></th></tr>
<tr><td>30億円～</td><td>20億円～</td><td>15億円～</td><td>大会社</td></tr>
<tr><td>7億円～</td><td>5億円～</td><td>4億円～</td><td>中会社の大</td></tr>
<tr><td>3.5億円～</td><td>2.5億円～</td><td>2億円～</td><td>中会社の中</td></tr>
<tr><td>2億円～</td><td>0.6億円～</td><td>0.8億円～</td><td>中会社の小</td></tr>
<tr><td>～2億円</td><td>～0.6億円</td><td>～0.8億円</td><td>小会社</td></tr>
</table>

<table>
<tr><th rowspan="6">総資産基準</th><th>卸売業</th><th>小売
サービス</th><th>製造
その他</th><th>35人超</th><th>20人超</th><th>5人超</th><th>5人以下</th></tr>
<tr><td>20億円～</td><td>15億円～</td><td>15億円～</td><td>大会社</td><td rowspan="2">中会社の中</td><td rowspan="3">中会社の小</td><td rowspan="4">小会社</td></tr>
<tr><td>4億円～</td><td>5億円～</td><td>5億円～</td><td>中会社の大</td></tr>
<tr><td>2億円～</td><td>2.5億円～</td><td>2.5億円～</td><td colspan="2">中会社の中</td></tr>
<tr><td>0.7億円～</td><td>0.4億円～</td><td>0.5億円～</td><td colspan="3">中会社の小</td></tr>
<tr><td>～0.7億円</td><td>～0.4億円</td><td>～0.5億円</td><td colspan="4">小会社</td></tr>
</table>

例えば，製造業を営んでいる会社が2社（売上高1億5,000万円の会社，売上高9,000万円の会社）あったとします。取引高基準ではそれぞれ「中会社の小」に該当します。この2社が合併し，仮に売上高が2億4,000万円になった場合，合併後の会社は，取引高基準では「中会社の中」に該当します。「中会社の小」の会社が2社ある場合と，「中会社の中」の会社が1社ある場合では，後者の方が株価が小さくなる可能性があります。

ヒヤリハット事例

事業承継検討時と実行時で会社規模が変わってしまった。

業績の違いにより，事業承継検討時と実行時で会社規模が変動することがあります。会社規模が大きくなればよいですが，小さくなると，株価が上昇し，想定していた手法を一から見直す必要に迫られることがあります。既に実行後であった場合には取り返しがつきませんので，業績によって会社規模に変動が生じないかどうか，事前に確認しておく必要があります。

【事例】

R5 年 3 月期は会社規模が「大会社」であったのに対し，R6 年 3 月期は売上高の減少により，会社規模が「中会社の大」へ変動した。類似業種比準価額が 1 株当たり 1,000 円，純資産価額が 1 株当たり 5,000 円であったが，純資産価額が 10%の割合で評価に織り込まれることで，検討時に想定していた株価よりも実行時の株価が高くなってしまった。

会社規模	R5 年 3 月期	大会社
	R6 年 3 月期	中会社の大（売上高減少により変動）
類似業種比準価額		@1,000 円（R5 年 3 月期と R6 年 3 月期を同額と仮定）
純資産価額		@5,000 円（R5 年 3 月期と R6 年 3 月期を同額と仮定）
オーナーの所有株式数		50,000 株

検討時	実行時
@1,000 円×50,000 株＝<u>5,000 万円</u>	(@1,000 円×90%＋5,000 円×10%) ×50,000 株＝<u>7,000 万円</u>

結果として，事業承継を実行する際，株式の評価が検討時よりも 2,000 万円高くなってしまった。

ヒヤリハット事例

合併により，会社規模の判定の基礎となる業種が変わってしまった。

合併することで会社規模を大きくし，株価を引き下げる対策を行うことがありますが，その際には，合併後の売上高の内訳に注意する必要があります。合併により売上高の構成比が変動し，業種が変わってしまうと，結果的に株価が想定より上昇するケースがあります。

【事例】

・A 社が B 社を吸収合併，その際の合併比率は 1：1 であると仮定

・合併後の類似業種比準価額，純資産価額は合併前と同額であると仮定

・合併後 3 年経過後の株価を算定するケース

A 社が B 社を吸収合併し，会社規模が「中会社の大」から「大会社」へ変動した。

これにより，売上高の構成比のうち製造業が 62.5%と最も高くなり，業種区分が建設業から製造業となった。

	A 社	B 社
業種	建設業	製造業
売上高	6 億円	10 億円
会社規模	中会社の大	中会社の大
株価総額	7,000 万円	7,000 万円
類似業種比準価額	@1,000 円(※)	@1,000 円
純資産価額	@5,000 円	@5,000 円
オーナーの所有株式	50,000 株	50,000 株

（※） 製造業の比準要素を用いて数似業種比準価額を算定した場合，@1,500 円となる。

	合併前	合併後パターンⅠ	合併後パターンⅡ
会社規模	中会社の大	大会社(※1)	大会社(※1)
業種区分	—	建設業（変更なし）	製造業(※2)
株価総額	7,000万円＋7,000万円＝1億4,000万円	@1,000円×100,000株＝1億円	@1,250円(※3)×100,000株＝1億2,500万円

（※1）　6億円＋10億円＝16億円　∴大会社
（※2）　10億円／16億円＝62.5%　∴製造業
（※3）　(@1,500円＋@1,000円)÷2＝@1,250円

結果として，合併により業種区分が建設業から製造業となったことで，株価が想定より高くなってしまった。

4 特定の評価会社に該当した場合

取引相場のない株式の評価は，原則として，類似業種比準価額と純資産価額をブレンドして算定します。しかしながら，評価会社がこの原則的な算定方法で評価すべきでない特殊な状態にあると判断された場合には，特定の評価会社として別の算定方法で評価する必要があります。

類似業種比準価額は，直前決算期における財務・損益の状況に着目して評価する方法です。類似業種の上場会社の配当金額・利益金額・簿価純資産額と力比べをして算定します。ところが，配当が出ておらず，利益も出ていない会社は，その算定の基礎になる3要素の数字が揃わないことになります。また，会社の資産の半分以上が株式であり株式の保有を目的としている会社は，会社の損益の状況に着目するよりも，その保有する株式の価値に着目した方が実態を適切に反映できるといえます。このような特殊な状態に該当している会社を特定の評価会社として評価します。その場合，類似業種比準価額の割合が少なくなる（使えなくなる）ため，原則的な算定方法に比べて評価額が高額になる傾向にあります。

(1) 比準要素数1の会社

類似業種比準方式の3要素（配当・利益・純資産価額）のうち，直前期末において2以上の要素がゼロで，かつ，直前々期末も2以上の要素がゼロである会社は「比準要素数1の会社」に該当します。この場合，原則として純資産価額方式により評価しますが，納税者の選択により，下記の算式で評価を行うことが可能です（評基通189–2）。

類似業種比準価額×0.25＋純資産価額×0.75

(2) 株式等保有特定会社

課税時期において，会社の総資産（相続税評価額）に占める株式の割合が50％以上の会社は，「株式等保有特定会社」に該当します。株式等保有特定会社についても，原則として純資産価額方式により評価しますが，納税者の選択により，S_1+S_2 方式で評価を行うことが可能です（評基通 189–3）。

S_1+S_2 方式とは，会社が保有する資産のうち，株式等以外の資産の評価額（S_1）と株式等の評価額（S_2）を合算する方式で，S_1 部分は原則的評価に準じて，S_2 部分は純資産価額方式にて評価します。したがって，S_1+S_2 方式は純資産価額に近い評価額になる傾向にあります。

ヒヤリハット事例

配当を出すタイミングを失念し，比準要素数１の会社に該当してしまった。

赤字続きの会社が比準要素数１の会社に該当しないようにするためには，定期的に配当を出す必要があります。ここでいう配当は，定時株主総会の決議を経て支払う経常的な配当をいい，記念配当や特別配当などの非経常的な配当は，比準要素数の算定上，除外されてしまいますので注意が必要です。仮に，決算期末直前になって配当を出そうとしても，それは臨時株主総会で決議された非経常的な配当に該当してしまいます。配当を出す場合には，事前に計画を立て，定時株主総会にて決議しておく必要があります。

【事例】

	配当	利益	純資産価額
R5 年 3 月期	0	0	100
R6 年 3 月期	1 (※)	0	100

（※） 臨時株主総会にて決議

会社規模	大会社
類似業種比準価額	@1,000 円
純資産価額	@5,000 円
オーナーの所有株式	50,000 株

R5 年 3 月期決算後の定時株主総会にて配当の支払について決議するのを失念したため，R6 年 3 月に臨時株主総会にて配当の支払を決議し，3 月中に配当を支払った。しかしながら，この配当は非経常的な配当であるため，結果として，比準要素数 1 の会社に該当してしまった。

比準要素数 1 の会社に該当しない場合	比準要素数 1 の会社に該当する場合
@1,000 円×50,000 株＝5,000 万円	（@1,000 円×0.25＋@5,000 円×0.75） ×50,000 株＝2 億円

最終的に，株価が 1 億 5,000 万円高くなってしまった。

ヒヤリハット事例

株式保有割合が 50%以上になり，株式等保有特定会社に該当してしまった。

株式等保有特定会社に該当しないようにするためには，会社の総資産（相続税評価額）に占める株式等の割合を 50%未満に維持する必要があります。対策当初は 50%未満であっても，子会社株式の価値が上昇したり，保有不動産の価値が下落したりすると，50%以上になってしまうことがあります。特に，不動産については，購入から３年が経過すると通常の取引価額（時価）から相続税評価額に変わり，総資産のうち不動産の占める割合が減少します（株式等の割合が上昇します）。

株式の承継が長期にわたる場合には，承継期間中継続して総資産の比率を注視する必要が出てきます。また，資産の保有割合を算定する際，「株式等」の判断を誤るケースも散見されますので，下記の表を参考にしてください。

「株式等」に該当するもの	「株式等」に該当しないもの
・上場株式 ・非上場株式 ・外国株式 ・株式形態のゴルフ会員権	・証券投資信託の受益証券 ・公社債等の債券 ・外国債券 ・匿名組合の出資

【事例】

・預金 1,500 万円

・上場株式 1,500 万円

・子会社株式 4,000 万円

・不動産 3,000 万円

⇨会社の総資産は合計１億円

子会社株式のみに着目し 株式等保有割合を算定した場合	上場株式も含めて 株式等保有割合を算定した場合
4,000 万円÷１億円＝40%	(1,500 万円＋4,000 万円)÷１億円＝55%

総資産１億円（うち子会社株式4,000万円，上場株式1,500万円）のうち，子会社株式のみに着目し，株式等保有割合を40%と算定していたが，上場株式を含めて計算すると55%≧50%となり，結果として，株式等保有特定会社に該当していた。事業承継の場面では，子会社株式以外の資産を見落とさないように注意したい。

5 特例的評価方式の活用

(1) 取引相場のない株式の評価方式

取引相場のない株式の評価方式は，相続・贈与によりその株式を取得した人が，その取得した時点において「同族株主(※)」に該当するか，「同族株主以外の株主等」に該当するかによって，それぞれ「原則的評価方式」（類似業種比準方式又は純資産価額方式）又は「特例的評価方式」（配当還元方式）のいずれにより評価するかが決定します。

(※) 正しくは「『同族株主以外の株主等』に該当しない株主」となりますが，便宜上「同族株主」と表現しています。正確な用語の意義からすると，同族株主の中には特例的評価方式が適用される株主が含まれます。

広く一般に売買されることのない非上場株式については，支配株主と少数株主では株式の価値が異なるとの考えから，会社に対する影響力の少ない株主については，原則的な評価方式の例外として，配当金収入をベースにした比較的低い評価額が適用されます。

(2) 特例的評価方式を適用できる株主の判定

特例的評価方式を適用できる株主は，以下に当てはまる株主です。

○ 親族で50%超又は30%以上の議決権を保有する株主グループ（＝同族株主）がいる会社で，そのグループに属しない株主

○ 同族株主グループに属する株主のうち，次のすべてに該当する株主

① 中心的な同族株主（下のフローチャートの（※）を参照）に該当しない

② 中心的な同族株主が他にいる

③ 議決権割合が5%未満である

④ 役員（社長・副社長・専務・常務など一定の役付役員に限る）でない

○ 同族株主のいない会社で，議決権割合が親族と合わせ15%未満の株主

○ 同族株主のいない会社において，親族で15%以上の議決権を保有するグループに属するが，議決権割合が5%未満かつその会社の役員でない株主（いずれかの15%以上保有グループに，単独で10%以上の議決権を保有する人がいる場合に限ります）

判定フローチャートを以下に示します。

<table>
<tr><th>判定①</th><th>判定②</th><th>判定③</th><th>判定④</th><th>判定⑤</th><th>評価方式</th></tr>
<tr><td rowspan="5">同族株主あり
50%超
or
30%以上</td><td rowspan="4">同族株主に該当する</td><td colspan="3">保有割合5%以上or役員(※)</td><td rowspan="3">原則的評価方式</td></tr>
<tr><td rowspan="3">5%未満かつ役員でない</td><td colspan="2">中心的な同族株主(※)に該当</td></tr>
<tr><td rowspan="2">中心的な同族株主に該当しない</td><td>他に中心的同族株主なし</td></tr>
<tr><td>他に中心的同族株主あり</td><td rowspan="2">特例的評価方式</td></tr>
<tr><td colspan="4">同族株主に該当しない</td></tr>
<tr><td rowspan="4">15%以上保有グループあり</td><td rowspan="3">15%以上保有グループに属する</td><td colspan="3">保有割合5%以上or役員</td><td rowspan="2">原則的評価方式</td></tr>
<tr><td rowspan="2">5%未満かつ役員でない</td><td colspan="2">他に10%以上保有する株主なし</td></tr>
<tr><td colspan="2">他に10%以上保有する株主あり</td><td rowspan="3">特例的評価方式</td></tr>
<tr><td colspan="4">15%以上保有グループに属しない</td></tr>
<tr><td colspan="5">15%以上保有グループなし</td></tr>
</table>

（※） 中心的な同族株主：配偶者・直系血族・兄弟姉妹・一親等の姻族とあわせ25%超保有する株主
（※） 役員：社長・副社長・専務・常務など一定の役付役員

上記のとおり複雑な判定となりますが，一般には，オーナー家以外の従業員株主などが該当することが多いです（判定②で終了）。親族内で株式が分散し

ており，承継の対象となる株式の議決権が少ない場合においては，判定⑤まで考慮検討して株式承継プランを計画することとなります。このようなケースでは判定ミスも多くなりますので，各要件を何度も確認するようにしてください。

また，重要なポイントとして，株式の承継直後の状態をベースに判定するため，「誰に」，「どれだけ渡すか」によって評価方式が変動する可能性があること（贈与のプランや遺産分割方法に注意），株式保有割合ではなく議決権割合によって判定すること（種類株式・属人的株式などの見落としがないよう注意）が挙げられます。

(3) 具体的な評価方法

特例的評価方式においては，類似業種比準価額の算定に用いる1株当たり配当金額Ⓑをベースに，以下の計算式により算出した配当還元価額によって株式を評価します。ただし，その金額が原則的評価方式を上回る場合には，原則的評価方式による評価額となります（評基通188−2）。

1株当たり配当金額(※)／10%×1株当たり資本金等の額／50円 （※） 2.5円を下回る場合には2.5円

計算の構造上，無配当の会社については，資本金等の額の2分の1が配当還元価額の総額となります。

(4) 配当還元価額の活用場面

一般的に，従業員など親族外の株主に対し（同族株主に該当しない範囲で）株式を移転する場合に配当還元価額が適用されます。原則的評価額が高額であっても，いわゆる額面取引を行うことが可能です。

対して，オーナーから後継者への移転においては，配当還元価額が適用されることは稀です。オーナー家で30%以上の議決権を有することを前提とすると，配当還元価額が適用されるのは，後継者が取得後の状態において議決権が 5% 未満かつ役付役員でないケースに限られるためです。

配当還元価額が活用できる例として，以下のような議決権の保有状況を考えてみましょう。父から A 氏に株式をすべて贈与すると，取得後の状態において A 氏の保有割合が 5%以上となるため，原則的評価が適用されます。ところが，父から A 氏へ 4%のみを贈与した場合には，配当還元価額が適用されるのです。

叔父が中心的な同族株主に該当（叔父＋父＝56%≧25%）し，A 氏は該当しません（A 氏＋父＝20%＜25%）。かつ，A 氏の議決権割合は 5%未満となるため要件を満たすこととなります。A 氏に兄弟がいれば，それぞれに 5%未満ずつ贈与することで配当還元価額によって子世代への移転を進めることができます。

レアケースですが，兄弟で経営をしていた会社において，傍流家系の承継対策を考える際などに活用できる考え方です。

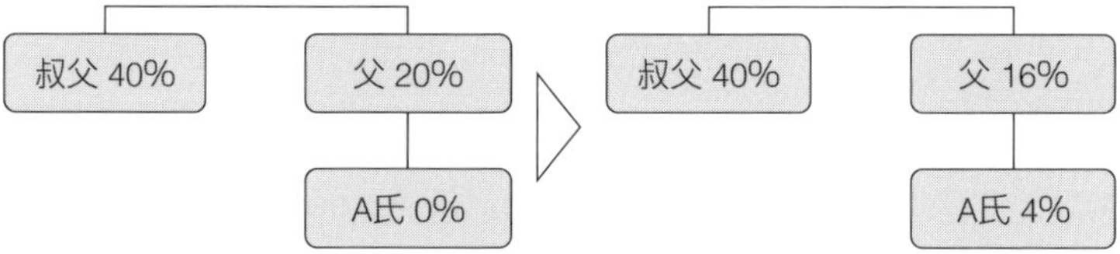

（※） オーナー一族の保有分は上記以外になく，A氏は役付役員でないものとします。

ヒヤリハット事例

中心的な同族株主に相続が発生し，中心的な同族株主のいない会社となった。

オーナー一族の中で配当還元方式を活用した贈与を計画する場合には，「中心的な同族株主が他にいる」という状況が重要になります。中心的な同族株主が死亡し相続人に株式が承継され，中心的な同族株主のいない会社に変わったことで，同族株主グループに属するすべての株主に原則的評価方式が適用されてしまうことがありますので，注意してください。

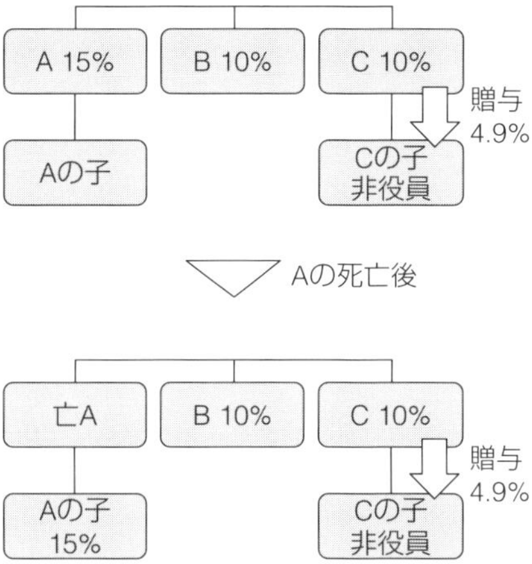

【Cの子の判定】（※）取得後において判定
① 同族株主に該当（親族で30%以上）
② 中心的な同族株主あり
（A・B・Cがそれぞれ中心的な同族株主に該当）
③ Cの子は中心的な同族株主に該当しない
（Cの子＋C……10%＜25%）
④ 議決権5%未満
∴特例的評価方式（配当還元価額）が適用される

【Cの子の判定】（※）取得後において判定
① 同族株主に該当（親族で30%以上）
② 中心的な同族株主なし
（Aの子・B・C・Cの子いずれも該当しない）
∴原則的評価方式が適用される

ヒヤリハット事例

組織再編により資本金等の額が増加し，配当還元価額が上昇してしまった。

配当還元価額の計算にあたっては，資本金等の額が計算の基礎となりますが，一部の組織再編においては，資本金等の額が大きく増加することがあります。

具体的には，株式交換・株式移転において，子会社となる会社に株主が50人以上いる場合には，親会社において資本金等の額に計上される金額が「子会社の簿価純資産価額」となり，配当還元価額の大きな上昇を招くことがあります（株主が50人未満の場合は，株主における帳簿価額≒取得価額により資本金等の額を計上するため，影響は少額であることが多いです）。従業員持株会のある会社で組織再編を行う際などには注意が必要です。

6　組織再編が株価に与える影響

(1)　組織再編と株価の関係

株価の算定方式は，評価会社の事業内容や財務数値をもとに，通達に定められた算式によって計算するものですから，評価会社の事業内容や財務数値に大きな影響を与える組織再編が行われた場合には，株価も大きく変動することがあります。

組織再編を行う場合には，株価に与える影響をよく検討したうえでスキームを決定するタックスプランニングが必要となります。なお，ここでいうタックスプランニングは，あくまで事業上の目的を達成するための組織再編の中で，株価に与える影響が有利になるものを選択する，ということであり，組織再編を使って形式的に株価を引き下げることは認められないと考えるべきです。

(2)　合併の場合の具体的な影響

オーナーが支配する２つの会社が合併（支配関係のある法人間での適格吸収合併を前提とします）した場合，株価について次のような影響が考えられます。

①　会社規模

売上高・総資産・従業員数が増加することで，会社規模が引き上がる可能性があります。一般に，会社規模が大きくなるほど類似業種比準価額の採用割合が上昇するため，株価が低くなる傾向にあります。

②　業種判定

売上高の構成が変わることで，業種が変動する可能性があります。会社規模の判定基準，類似業種比準価額などに影響があります。

③　類似業種比準価額が採用できない期間

類似業種比準価額は直前期末以前 2～3 年間の実績によってその評価額を算定しますので，合併により会社の実態に変化があった場合において，評価会社の各比準要素が合併後の水準によって算出されない期間中については，類似業種比準価額が採用できない（純資産価額による評価）と考えられます。具体的には，合併後 2～3 年間については類似業種比準価額が採用できないものとして考えた方がよいでしょう。

(3)　会社分割の場合の具体的な影響

会社分割には分割型分割（≒兄弟会社として切り出す）・分社型分割（≒子会社として切り出す）の 2 種類があります。

オーナーが 100％所有する A 社の一事業部門を B 社として切り出すことを前提にすると，分割型分割は，オーナーが承継していく株式が A 社株式と B 社株式の 2 つに分裂するようなイメージ（別々の後継者に承継する場合などに有効です），分社型分割は，A 社の資産や収益力が一部子会社に移転するイメージ（親子合算の財務状態を変化させずに，株価の算定要素が変動します）になります。

分社型分割（金銭対価のない適格分割を前提とします）においては，一般的に，以下のような株価への影響が考えられます。

①　会社規模・業種判定

売上高・従業員が子会社に移転し減少しますので，会社規模が下がることが考えられます。一般に，会社規模が下がると類似業種比準価額の採用割合が減少し，株価が上昇する傾向にあります。また，売上の構成が変化することで，業種判定への影響が考えられます。

②　利益水準

類似業種比準価額の算定上，あくまで評価会社の単体利益が採用されるため，子会社に移転した部門の利益相当が減少し，類似業種比準価額が引き下がる可能性があります。

③　純資産価額

子会社に移転した資産負債が，子会社株式の評価額となって純資産価額に反映されることとなりますので，子会社株式の評価において類似業種比準価額が一部採用され，純資産価額が引き下がる可能性があります。

④　類似業種比準価額が採用できない期間

合併の場合と同様に，会社分割により会社の実態に変化があった場合において，評価会社の各比準要素が会社分割後の水準によって算出されない期間中については，類似業種比準価額が採用できない（純資産価額による評価）と考えられます。

また，会社分割によって不動産を移転する場合には，法人税・株価への影響のほか，登録免許税・不動産取得税についても事前にシミュレーションをしてください。なお，不動産取得税については一定要件（適格要件とは異なります）のもと非課税措置が設けられています。

(4)　株式交換の場合の具体的な影響

オーナーが支配するA社とB社において，A社がB社の株式を100％取得する株式交換（100％完全支配関係又は50％超支配関係における適格株式交換を前提とします）を行った場合，承継の対象となる株式はA社株式のみとなりますが，その評価については以下の影響が考えられます。

①　類似業種比準価額

B社株式を受け入れ，資本金等の額が増加するため，類似業種比準価額は上昇しますが，A社の配当・利益に影響を与えないこと，資本金等の額の増加額はオーナーにおけるB社株式の取得価額であり（株主50人未満の場合）比較的低額であることが多いことから，その上昇幅は非常に小さいことが多いです。

②　純資産価額

B社株式の相続税評価額分，純資産価額が上昇します。株式交換により受け入れた株式は「現物出資等受入資産」に該当するため，B社株式の帳簿価額と相続税評価額の差額については37％控除の対象となりません（総資産に占める割合が20％以下の場合には控除可能）。

③　株価全体

オーナーの所有資産からB社株式がなくなり，A社株式の評価額が増加することになりますが，A社株式の評価において類似業種比準価額（ほとんど上昇しない）が採用されるため，実行前における2社分の株価より実行後のA社の株価の方が低くなる可能性があります。特に，A社が大会社（L＝1.0）であれば，B社の株価はその大部分がオーナーの財産に反映されなくなります。対して，A社が株式等保有特定会社に該当する場合，類似業種比準価額は採用されず，もともとのA社の純資産価額とともに，受け入れたB社株式の株価がA社の株価へすべて反映される（実行前に比べ株価が上昇する）こととなります。

④　注意すべき事項

有限会社は株式交換契約の当事者となることはできませんので，組織再編の前に組織変更を行う必要があります。登記をもって効力発生となりますので，会社設立登記（法務局の開庁日にしか行えません）をしてから各種手続きを行うこととなります。

(5)　株式移転の場合の具体的な影響

株式移転は，新会社を設立しその傘下に入る組織再編であり，共同持株会社を設立する場合だけでなく，1社のみで単独株式移転を行うケースもあります。単独株式移転における株価への影響は以下のとおりです。

① 持株会社の株式評価

新設した持株会社は株式等保有特定会社に該当するため，類似業種比準価額は採用できず，純資産価額による評価となります。事業会社の株価がそのまま持株会社の株価となり，株価が引き下がることはありません。

② 37%控除の適用

持株会社における純資産価額の評価上，事業会社株式は現物出資等受入資産に該当し，帳簿価額と相続税評価額の差額は37%控除の対象から除かれます。ただし，受入れ時点の相続税評価額から将来の評価時点の値上がりがあれば，こちらは37%控除の対象となるため，今後の株価上昇を抑える効果があるといえます。また，あくまでも将来の評価における影響ですので，当然，その時点の法人税率等に影響を受けることになります（37%ではなく30%控除などになっている可能性があります）。

ヒヤリハット事例

組織再編にあたって生じる反対株主の株式買取請求権などについて検討していなかった。

組織再編の検討にあたっては，課税上の影響だけでなく，法務的な手続きについてよく確認することが必要です。債権者保護手続き（2か月ほどを要します），株式買取請求権の通知（関係性の良くない株主がいる場合には注意が必要です），株主総会特別決議などの手続きの影響とスケジュールについて，司法書士等の専門家と連携して実行しましょう。

【事例】

A社の資本構成は創業者X氏80%・元役員Y氏20%である。Y氏は退職の際にトラブルがあり，X氏やA社との関係性が悪化している。この度，事業承継の円滑化を目的に，X 氏が 100% 出資する B 社を完全子会社とする株式交換を行うこととした。

臨時株主総会の招集通知を Y 氏に送付したところ，Y 氏が反対し株式買取請求権を行使した。買取価格の協議が整わず，裁判所へ価格決定の申立を行った結果，時価純資産価額により Y 氏の持分 20% を買い取ることとなった。

ヒヤリハット事例

合併の際に繰越欠損金が切り捨てられてしまった。

組織再編税制において適格・非適格の検討は欠かせないところですが，オーナー系企業のグループ内再編においては，その大半が適格組織再編となります。

ただし，合併を行う場合には，法人税について適格要件以外にも確認すべき重要なポイントがあります。被合併法人の有する繰越欠損金が合併法人に引き継げるかどうかです。適格合併のうち，50% 支配関係が 5 年以上継続していること又はみなし共同事業要件(※)を満たすこと等の諸要件があり，これらは適格要件と似ているようで微妙に異なりますので，注意が必要です。

（※）　みなし共同事業要件：以下の①②③又は①④を満たす。

①事業関連性要件　②規模要件　③規模継続要件　④経営参画要件

【事例】

X1 年，A 社は繰越欠損金を有する B 社の全株式を取得した。

X3 年，業績不調の B 社の損失を A 社に取り込むため，B 社を吸収合併することとした。この合併により，A 社の売上高が増加し会社規模が上昇すること，A 社の利益水準が減少することから，株価が引き下がることを見込んでいる。なお，A 社と B 社の事業に関連性はない。

A 社と B 社の支配関係が 5 年継続しておらず，かつ，みなし共同事業要件を満たさないことから，支配関係が生ずる前に B 社が有していた繰越欠損金は切り捨てられる（A 社に引き継げない）こととなった。

ヒヤリハット事例

会社分割により設立した法人において消費税の申告を失念していた。

会社分割により設立した法人においては，分割法人との資本関係がある場合，分割法人の課税売上高が消費税の納税義務判定に影響することとなります。分割された事業部門において基準期間における課税売上高が 1 千万円以下となる場合においても，消費税の納税義務が免除されるとは限らないことに留意してください。

ヒヤリハット事例

分割法人において期中減価償却に関する届出書の提出を失念した。

減価償却資産が分割資産に含まれる場合，原則としてその移転価額は期首帳簿価額がベースとなります。分割法人において期首から分割時までの減価償却費を損金算入するためには，「適格分割等による期中損金経理額等の損金算入に関する届出書」の提出（分割の効力発生から 2ヶ月以内が提出期限）が必要ですので，異動届出書や青色申告承認申請書（新設分割の場合）等とあわせ，提出を失念しないようにしましょう。

ヒヤリハット事例

株式交換を実行したところ，法人住民税の均等割額が増加した。

株式交換に際して親会社において生じる資本項目の増加が，住民税均等割額の負担を増加させるケースがあります。株式交換を行った際は，一般に，会計上の「資本準備金」，税務上の「資本金等の額」が上昇しますので，住民税均等割額が増加しないかどうか事前にシミュレーションしてください。

【事例】

A 社は B 社を子会社とする株式交換を行った。

・A 社の純資産（会計上）：資本金 1,000 万円，資本剰余金 0，利益剰余金○○

・A 社の純資産（税務上）：資本金等の額 1,000 万円，利益積立金額○○

・現状の均等割額：7 万円（資本金等の額 1,000 万円以下）

・B 社の純資産額：1 億円

・B 社株主における B 社株式の取得価額：3,000 万円

A 社における株式交換の仕訳は以下のとおりである。

会計上：子会社株式 / 資本準備金 1 億円（B 社の純資産額）

税務上：子会社株式 / 資本金等の額 3,000 万円（B 社株主における取得価額）

住民税均等割の算定基準は以下のとおりである。

・資本金等の額：1,000 万円＋3,000 万円＝4,000 万円

・資本金＋資本準備金：1,000 万円＋1 億円＝1 億 1,000 万円

いずれか大きい金額（1 億 1,000 万円）に対応する均等割額は 29 万円（東京都，従業者数 50 人以下の場合）となり，実行前と比較して年 22 万円の負担増となった。

（※） 決算期末までに資本準備金をその他資本剰余金に振り替えた場合には，資本金

等の額 4,000 万円に対応する均等割額 18 万円（東京都，従業者数 50 人以下の場合）となる。

ヒヤリハット事例

株式交換の実行時，自己株式に対して親会社株式が割り当てられ，親会社株式の解消手続きが必要となってしまった。

株式交換や株式移転を実行する際，株式交換等により子会社となる会社が自己株式を保有している場合，当該自己株式についても，親会社となる会社が取得し，対価として親会社株式が交付されます。この場合，組織再編後に子会社が親会社株式を保有する形になりますので，会社法の定めにより親会社株式の解消処理（適格現物分配など）が必要となります。

また，子会社となる会社が自己株式を保有する場合，無対価株式交換等の適格判定（親会社と子会社において株主構成が同一であるかどうか）に影響を与えます。

組織再編の実行前に自己株式を償却しておくことで，これらの論点が生じなくなりますので，事前に処理しておくようにするとよいでしょう。

【事例】

A 社は関連会社 B 社を子会社とする株式交換を行った。

○　A 社の株主構成：オーナー100%

○　B 社の株主構成：オーナー90%，自己株式 10%

実行後の A 社の株主構成は，オーナー95%，B 社 5% となり，B 社が保有する親会社株式については別途解消のための手続きが必要となった。

なお，このケースではオーナー1名が2社を完全支配しているものの，対価を省略した無対価株式交換を行うと適格要件を満たさないため，注意が必要である（無対価株式交換の適格要件においては，A社とB社の株主構成が完全に一致する必要があり，自己株式も算定基礎に含まれる）。

ヒヤリハット事例

株式移転により持株会社を設立したが，事業承継税制の適用要件を満たさなかった。

株式移転により持株会社を設立した場合，持株会社において事業承継税制が活用できなくなるケースが考えられますので，各要件の充足についても検討が必要です。

【事例】

A社の筆頭株主は元代表者のX氏であり，代表者は5年前から長男Y氏が務めている。この度A社は株式移転により持株会社B社を設立し，B社の代表者にはY氏が就任した。その後，X氏からY氏へ株式を贈与し事業承継税制を適用しようとしたところ，「先代経営者は以前に代表者であったこと」，「後継者が役員就任後3年経過していること」，「従業員が1名以上いること」，「総収入金額が1円以上あること」の要件に抵触し適用できなかった。

第 2 章

取引相場のない株式の承継手法のキホン

1　相続による承継

中小企業オーナーに相続が発生した場合，相続財産が基礎控除額（3,000万円＋600万円×法定相続人の数）を超えるときは10ヶ月以内に相続税の申告・納税が必要となります（相法27）。

一般的な事業承継対策においては，オーナーが生前に自身の判断で株式を後継者へ贈与することが多いですが，自社株の評価額が低くオーナーの相続財産が少額であり，相続税の負担が少額であると見込まれる場合には，相続により後継者へ株式を承継することも考えられます。また，業績が悪化し，今後の見通しも悪い場合には，株価が下がっていく可能性があるため，相続による承継が適している場合もあるでしょう。

しかしながら，相続による承継はその承継時期を予測することができないため，経営が安定し株価が上昇傾向にある状態で相続が発生すると，相続税が高額になり，納税資金不足に陥る可能性があります。

また，納税資金の面だけでなく，事業の安定的な経営という面においても，会社関係者以外の相続人が自社株を相続することで株式が分散してしまうリスクや，遺産分割協議が長引くことにより後継者の経営権の執行に問題が生じるリスクもあるといえます。

ヒヤリハット事例

税務調査において名義株式があることが判明し，追徴課税を受けてしまった。

名義株式とは，株主名簿に記載されている株主と実際の株主が異なる株式をいいます。名義株式が発生する理由は，大きく2つあります。

①	将来，多額の相続税が課税されることを恐れたオーナーが，正式な手続きを経ずに配偶者や子などの名義にしてしまうケース。
②	平成2年以前の旧商法では，株式会社を設立するために最低7人の発起人が必要とされていたため，実際はオーナーの出資であるにもかかわらず，家族や従業員の名前を借りて会社を設立してしまうケース。

相続税申告の際，相続財産として計上するかどうかは，名義が誰であるかを問わず，実際に出資している株主であるかどうかにより判断する必要があります。したがって，配当の支払状況や株主総会の招集通知先などを確認し，場合によってはオーナーへのヒアリングも検討しましょう。

株主であるかどうかの判定は，実務上，株主名簿や法人税申告書別表2「同族会社等の判定に関する明細書」を用いて行われることがほとんどだと考えられます。しかし，それらを見て安易に株主であると判断した結果，のちに税務調査において申告漏れとして指摘されてしまう，といったことのないよう注意が必要です。万が一，名義株式の存在が判明した場合には，実際の株主が誰であるかを明記した「確認書」・「同意書」などの書面を作成し，保管することが望ましいでしょう。

【事例】

○　法人税申告書別表2記載の被相続人所有株式数　100株

○　実際の被相続人所有株式数　200株

○　相続税評価額　@50万円と仮定

○　相続財産は自社株のみ，法定相続人は長男1人のみと仮定

	別表2記載のとおり計算した場合	実際の所有株式数により計算した場合
評価額	@50万円×100株＝5,000万円	@50万円×200株＝1億円
相続税額	(5,000万円－3,600万円)×15%－50万円＝160万円	(1億円－3,600万円)×30%－700万円＝1,220万円

この場合，税務調査で申告漏れが発覚すると，約1,000万円の追徴課税及び過少申告加算税や延滞税などのペナルティが発生してしまう。オーナーの相続発生時には，名義株式の有無を慎重に確認したい。

ヒヤリハット事例

議決権割合による自社株の評価方法の違いを考慮せず遺産分割協議を行ったため，配当還元方式による評価額を採用することができなくなってしまった。

取引相場のない株式の評価方式は，株式承継後の議決権割合により判定が異なります。具体的には，後述のフローチャートにより原則的評価方式を採用するか，特例的評価方式（配当還元価額）を採用するかを判定しますが，一般的に，配当還元価額は原則的評価に比べて評価額が低くなる傾向にあります。

後継者がオーナーの親族であっても，他に中心的な同族株主がいる場合には，中心的な同族株主以外の同族株主に該当する可能性があります。このとき，株式承継後の議決権割合が5%未満であれば配当還元価額により評価することとなり，結果，株価が低くなることがあります。対して，遺産分割協議の結果，相続人の議決権割合が5%以上となった場合には，原則的評価方式により評価することになります。

【評価方式の判定フローチャート】

<table>
<tr><th>判定①</th><th>判定②</th><th>判定③</th><th>判定④</th><th>判定⑤</th><th>評価方式</th></tr>
<tr><td rowspan="5">同族株主あり
50%超
or
30%以上</td><td rowspan="4">同族株主に該当する</td><td colspan="3">保有割合5%以上or役員(※)</td><td rowspan="3">原則的評価方式</td></tr>
<tr><td rowspan="3">5%未満かつ役員でない</td><td colspan="2">中心的な同族株主(※)に該当</td></tr>
<tr><td rowspan="2">中心的な同族株主に該当しない</td><td>他に中心的同族株主なし</td></tr>
<tr><td>他に中心的同族株主あり</td><td rowspan="2">特例的評価方式</td></tr>
<tr><td colspan="4">同族株主に該当しない</td></tr>
<tr><td rowspan="4">15%以上保有グループあり</td><td rowspan="3">15%以上保有グループに属する</td><td colspan="3">保有割合5%以上or役員</td><td rowspan="2">原則的評価方式</td></tr>
<tr><td rowspan="2">5%未満かつ役員でない</td><td colspan="2">他に10%以上保有する株主なし</td></tr>
<tr><td colspan="2">他に10%以上保有する株主あり</td><td rowspan="3">特例的評価方式</td></tr>
<tr><td colspan="4">15%以上保有グループに属しない</td></tr>
<tr><td colspan="5">15%以上保有グループなし</td></tr>
</table>

（※） 中心的な同族株主：配偶者・直系血族・兄弟姉妹・一親等の姻族とあわせ25%超保有する株主
（※） 役員：社長・副社長・専務・常務など一定の役付役員

【事例】

- ○　発行済株式数：10,000 株
- ○　被相続人所有株式数：600 株（全体の 6%）
- ○　法定相続人は長男，二男の 2 人
- ○　中心的な同族株主以外の同族株主に該当
- ○　相続財産は自社株のみ
- ○　原則的評価方式による評価額：@20 万円と仮定
- ○　配当還元方式による評価額：@1 万円と仮定

	遺産分割協議により相続人が 300 株（3%）ずつ相続した場合	遺産分割協議により長男が 600 株（6%）全て相続した場合
評価方式	配当還元方式	原則的評価方式
評価額	①　長男 300 株× @1 万円＝300 万円 ②　二男 300 株×@ 1 万円＝300 万円 ③　①＋②＝600 万円	600 株× @20 万円＝1 億 2,000 万円
相続税額	基礎控除額（4,200 万円）を超えないため 0	（1 億 2,000 万円－4,200 万円）÷2＝3,900 万円 3,900 万円×20%－200 万円＝580 万円 580 万円×2 人＝1,160 万円

本事例の場合，遺産分割協議により長男と二男が自社株を 300 株（3%）ずつ相続すると，議決権割合が3%＜5%となるため，配当還元方式による評価となり相続税は発生しない。

一方，長男が 600 株（6%）全てを相続した場合には，議決権割合が 6%≧5%となるため，原則的評価方式による評価となり，その結果，相続税が 1,160 万円と高額になる。

他に中心的な同族株主がいる場合には，議決権割合が 5%以上であるか否かにより，評価方式が変わる場合があるため，遺産分割協議の際には留意が必要である。

ヒヤリハット事例

相続税の納税資金を確保するため，会社が自社株を買い取った（金庫株）ものの，「届出書」の提出を失念してしまった。

通常，会社が自社株を買取り（会社が買い取った自社株のことを「金庫株」といいます），その買取金額と当初の出資金額との間に差額が生じた場合，利益積立金額に対応する部分を会社から株主への配当とみなします（法法 24）。

売主である株主側では，このみなし配当につき，総合課税（累進課税，最高税率 55%）により所得税・住民税が課税されるため，税負担が非常に高くなります。

ただし，特例として，相続又は遺贈により財産を取得し相続税を課税された人が，相続発生後 3 年 10ヶ月を経過する日までの間に，相続税の課税対象となった自社株をその発行会社に譲渡した場合においては，その譲渡益に対して分離課税（一律税率 20%）により課税されます（措法 9 の 7）。このとき，相続財産を譲渡した場合の取得費加算の特例（措法 39）の適用も可能です。

自社株の譲渡の特例を適用するためには，自社株を買い取る日までに「みなし配当課税の特例に関する届出書」をその発行会社に提出し，会社はその届出書を，買い取った年の翌年 1 月 31 日までに所轄の税務署に提出しなければなりません。特例の適用を受けられない場合，原則どおり，総合課税により所得税・住民税が課税されます。

相続が発生した際，納税資金の確保のため上記特例を適用し，自社株の買取りを行うケースはよくみられます。しかしながら，納税資金について手当てするために行った手続きにより，さらなる税負担が増えてしまわないよう，注意が必要です。

【事例】

○　被相続人の当初出資金額　1 億円

○　発行会社の買取金額　2 億円

○　納税資金確保のため，会社が自社株を買取り

	相続した非上場株式の譲渡特例を適用した場合	相続した非上場株式の譲渡特例の適用がなかった場合
評価額	2億円－1億円＝1億円	2億円－1億円＝1億円
所得税及び住民税	1億円×20%＝2,000万円	1億円×55%＝5,500万円

（※） 所得税及び住民税の総合課税の計算において，総額が最高税率により課税されると仮定。

相続人が自社株を相続し3年10ヶ月を経過するまでに，「みなし配当課税の特例に関する届出書」を発行会社へ提出し，発行会社が同届出書を税務署へ提出した場合には，相続により取得した非上場株式をその発行会社に譲渡した場合の課税の特例により，所得税・住民税の課税が20%となる。

本事例では，特例の適用を受けられず，1億円（買取金額2億円－当初の出資金額1億円）に対して，5,500万円の所得税・住民税が課税されてしまった。

ヒヤリハット事例

「相続人等に対する株式の売渡し請求」を利用されてしまい，会社の経営権が親族外の役員へ渡ってしまった。

相続人等に対する株式の売渡し請求とは，相続等の発生により会社にとって好ましくない者が株式を承継してしまう事態を避けるため，相続人等の合意がなくとも，承継した株式を会社へ売渡すことを請求できる権利を認めたものです（会社法174）。

この場合は定款に，相続人等に売渡し請求ができる旨を定める必要があり，請求対象となる株式は譲渡制限株式に限られます（譲渡制限株式については「第2章　**7** 種類株式を活用した承継」を参照してください）。

また，この売渡し請求は，相続等があったことを知った日から1年以内に，株主総会の特別決議を経て行わなければなりません。

この制度は，会社にとって不利益な株主を排除できる一方，会社の経営権がオーナー家以外の者に渡ってしまうリスクもあります。また，売渡し請求について，相続人等は議決権を行使することができず，拒否することもできません（なお，売買価格についてのみ協議が可能（会社法 177）です）。

したがって，導入を検討する際は種類株式の発行や持株会社化等，他の手段で対応ができないかどうかも含め慎重に考えましょう。

【事例】

＜相続発生前＞

株主構成	
代表取締役（オーナー）	60%
後継者（長男）	10%
役員 A	15%
役員 B	15%

＜相続発生後・売渡し請求後＞

株主構成	
後継者（長男）	25%
役員 A	37.5%
役員 B	37.5%

代表取締役に相続が発生し，後継者が株式を取得。その後，役員 A と B が結託し臨時株主総会を開催し，後継者に対して売渡し請求を実施した結果，会社の経営権のほとんどが親族外役員 A 及び B へ渡ってしまい，後継者は実質的に経営に参画することが難しくなってしまった。

2 贈与による承継 ①贈与による承継

贈与による承継は，オーナーの相続を待たずに，生前に後継者へ株式を移転する対策で，一般に，暦年贈与・相続時精算課税・事業承継税制の3パターンが検討されます。

株価が比較的少額であったり，オーナーの相続対策を長い期間かけて行う場合には暦年贈与，今後，株価の上昇が見込まれる場合には相続時精算課税，株価が高い会社で孫の代まで親子間で承継していくことが期待できる場合には，事業承継税制が適しているといえますが，それぞれメリット・デメリットや細かな注意点がありますので，各手法の解説を確認してください。

(1) 相続による承継との比較

生前贈与によって，相続税の課税対象となる財産を減らしたり，低い価額で株価を固定したりすることができ，相続税の負担軽減が可能となります。特に，今後，株価の上昇が見込まれる企業，現在株価が下がっている企業，利益の引下げなど一時的な株価対策が可能な企業については，大きな節税効果が得られます。

対して，早期に株式を後継者へ移転することが可能かどうか，事業上・意思決定上のデメリットを十分に検討する必要があります。

また，生前に株式を移転させることで，自社株を遺産分割の対象となる相続財産から外すメリットがありますが，特別受益として自社株以外の財産の分割に影響を与えるケースなどもありますので，注意が必要です。遺産分割対策として，贈与に際し「持戻し免除の意思表示」をすること，遺留分対策として，遺留分放棄・除外合意・固定合意などがありますので，弁護士等，法務の専門家を交えて検討するとよいでしょう。

後継者に自社株が移転した後は，不幸にも後継者に相続が発生してしまった際の課税についても手当てが必要です。後継者の死亡に備える保険契約なども見直すとよいでしょう。

(2)　株式の移転方法

非上場株式の贈与を行う場合，贈与者と受贈者の間で贈与契約（民法 549）を締結します。当事者間の合意が必要ですので，贈与者の意思判断能力の有無・受贈者へ贈与の事実を開示しているかがポイントになります。「意思能力のないオーナーからの贈与」，「受贈者に内緒で贈与」などは，（実務上，多く見かけるのですが）贈与契約が成立していないとみるべきでしょう。

また，ほとんどの非上場会社では株式の譲渡制限規定を設けており，単に当

【(参考) 一般的な株式贈与スケジュールの一例】

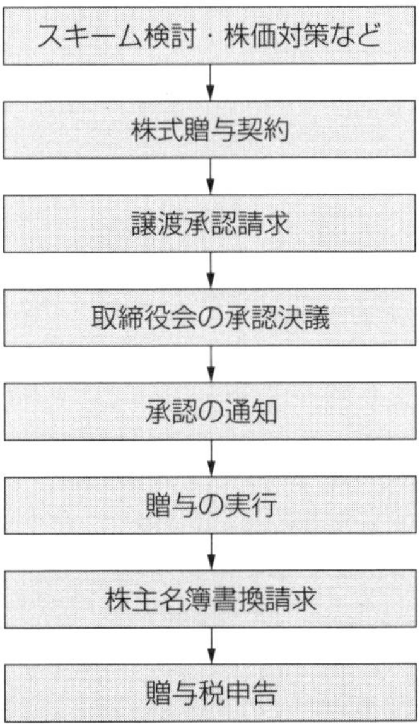

事者間で贈与契約を締結するだけでなく，会社への譲渡承認請求（会社法136, 137）や株主名簿の書換請求（会社法133）を行うことが必要です。会社の定款を確認のうえ，法務上の流れを整理し実行することが望ましいでしょう。レアケースですが，取締役会などの決議機関と敵対した立場からの譲渡承認請求であれば，その請求を否決され，会社側から株式を強制的に買い取られてしまう，といったことも考えられます。

ヒヤリハット事例

自社株の生前贈与を行ったが，オーナーが個人所有する事業用不動産や会社への貸付金について手当てをしていなかった。

中小企業オーナーの個人資産のうち，後継者に引き継ぐべき資産は自社株だけでないケースも多くあります。会社の経営権にかかわる自社株の優先度が高いことには変わりませんが，事業用の不動産や会社に対する貸付金なども，後継者以外の相続人が所有者になった際には，会社運営に大きな影響を及ぼすことが少なくありません。

事業承継対策の検討にあたっては，自社株以外の財産も含めたオーナーの相続財産全体について，相続対策・相続税対策をプランニングすることが重要です。

【事例】

家族構成		オーナー（被相続人）・長男（後継者）・長女
財産構成	相続財産	事業用不動産 0.5 億円・貸付金 0.5 億円・現預金 1 億円 ：合計　2 億円
	特別受益	自社株 1 億円 （※）　長男へ贈与済み

法定相続分の計算	遺産分割の基礎となる財産	2億円＋1億円＝3億円
	長男の法定相続分	3億円×1／2−1億円（特別受益）＝0.5億円 （※） 0.5億円＜1億円（事業用不動産＋貸付金）
	長女の法定相続分	3億円×1／2＝1.5億円

生前贈与した株式が特別受益として相続財産に持ち戻されることで，後継者が相続すべき事業に関連する相続財産が法定相続分の金額を超える状態となった。遺産分割協議において長女が法定相続分を主張した場合には，事業関連資産を後継者が取得できない事態になることが考えられる。

生前贈与により株式を承継する場合，その生前贈与が特別受益として遺産分割協議に反映されることを踏まえ，オーナーの財産全体についてプランニングを行うことが必要である。可能であれば遺言書の作成まで事業承継対策とセットで行うとよいだろう。

なお，遺留分の算定における特別受益が，相続前10年以内に行われた贈与に限定されているのに対し，遺産分割協議における特別受益については，その時期を問わないこととなっている。

3 贈与による承継 ②暦年贈与による承継

暦年贈与による承継は，後継者へ承継すべき自社株を，オーナーの生前に分割して贈与する方法で，株価が比較的少額である場合や，オーナーの相続対策を長い期間かけて行う場合に採用されることが多い手法です。

贈与税（暦年課税）が暦年ごとに区切って課税されることに着眼し，基礎控除の年 110 万円以下，又は贈与税率が想定される相続税率より低い範囲内で分割して自社株を贈与することで，オーナーに相続が発生した際の相続税負担が減少します。

注意点として，株価が高額となる場合には贈与期間が長期化すること，相続開始前 7 年間の贈与については足し戻しとなること，年 110 万円を超える贈与については税務申告のため毎年精緻な株価算定が必要になることなどが挙げられます。

また，オーナーの相続財産を減少させることを優先するあまり，贈与する対象者を増やした結果，将来的に分散させた株式を後継者が買い戻すことになり，かえって資金負担が増えてしまうようなケースもありますので注意が必要です。

(1) 暦年贈与の検討にあたって

暦年贈与による承継は，オーナーの保有する財産すべてをベースとして，発生が見込まれる相続税の限界税率（相続財産が増減した際の税額の変動割合）を算定したうえで，プランニングすることが好ましいといえます。以下のような家族構成・資産構成の場合ではどうでしょうか。

（例）

<table>
<tr><td colspan="3">家族構成</td><td>オーナー・妻・長男（後継者）・長女</td></tr>
<tr><td colspan="3">資産構成</td><td>自社株１億円・個人財産１億円
合計　２億円</td></tr>
<tr><td rowspan="4">限界税率の判定
（単位：百万円）</td><td>①</td><td>課税遺産総額の計算</td><td>相続財産200－基礎控除48（法定相続人３名）＝152</td></tr>
<tr><td>②</td><td>妻が取得したものとする金額に対する税率</td><td>①×法定相続分１／２＝76…適用税率30％</td></tr>
<tr><td>③</td><td>子が取得したものとする金額に対する税率</td><td>①×法定相続分１／４＝38…適用税率20％</td></tr>
<tr><td>④</td><td>限界税率</td><td>30％×１／２（妻の取得分）＋20％×１／４×２（子の取得分）＝25％</td></tr>
</table>

このケースでは，生前贈与による相続財産の減少に対して25％の割合で相続税が減少していきますので，贈与税の負担が25％を上回らない範囲で贈与額を検討することとなります。例えば，年310万円（税率10％），年510万（税率15％），年710万円（税率20％）などが目安になります。自社株をすべて贈与するまで，単純計算で，年310万円の場合はおよそ30年，年510万円の場合はおよそ20年を要しますので，その期間中における業績の変動により株価が上昇する可能性などについても検討すべきでしょう。

なお，この期間を短縮するために受贈者を増やすことも考えられますが，事業に関係しない親族に自社株を所有させると，ゆくゆくは会社や後継者が買い取らなければならなくなるケースが多く，あくまで会社運営にとって理想的な資本構成を目指して株式を贈与することが大前提となります。

自社株1,000万円を贈与して相続税を250万円減らしたものの，結局その株式を1,000万円で買い戻すことになった，では本末転倒です。

(2)　令和５年度税制改正の影響

令和５年度税制改正によって，令和６年１月１日以後の贈与については，その贈与者の死亡前７年間の贈与について，相続税の計算上，足し戻されることとなりました（改正前：死亡前3年間）。この改正によって，中小企業オーナーを含む資産家が，暦年贈与による相続税対策を検討する場合，従来よりも早めの着手が必要となりました。

なお，後述の相続時精算課税とは異なり，暦年課税においては基礎控除以下の贈与についても足し戻しの対象となりますので，概算の株式評価額に基づき毎年贈与していた自社株について，相続税申告のタイミングで過去7年分の精緻な株価を算出しなければならない，という手間が発生することも想定されます。

ヒヤリハット事例

長期間の贈与中に自社株の評価額が大きく上昇してしまった。

暦年贈与を進める間に会社の業績が飛躍的に上昇したり，所有資産の大きな値上がりが生じたり，あるいは特定の評価会社への該当，株式評価方法の改正などの影響により，自社株の評価額が大きく上昇することが考えられます。

【事例】

	現況	3年後の状況
類似業種比準価額	0.5億円	3億円
純資産価額	1.5億円	2.5億円
会社規模	中の大（L＝0.9）	大会社
評価額	0.5億円×0.9＋1.5億円×0.1＝0.6億円	3億円＞2.5億円　∴2.5億円
対策の可否	年310万円の贈与によって20年程度ですべて贈与できる見込み	・業績の急上昇によって類似業種比準価額が高騰 ・「類似＞純資産」の状態であり，株価は毎期の純利益と同程度ずつ上昇していく ⇒暦年贈与では対策不能

本事例の場合，当初は年間 310 万円ずつ自社株を贈与することで，すべての株式を 20 年程度で贈与できる見込みであったが，業績の急上昇により類似業種比準価額が高くなってしまった。

「類似＞純資産」の状態となったため，純資産価額により評価することになるが，その場合，毎期の純利益とともに株価も同程度上昇していくことになる。したがって，暦年贈与での対策が難しくなってしまった。

ヒヤリハット事例

孫が受取人となっている生命保険があり，生前贈与加算の対象となってしまった。

相続人でない孫は生前贈与加算の対象外であると認識して暦年贈与を実行したものの，相続発生時，孫が生命保険金を受け取ったために生前贈与加算の対象となってしまうことがあります。

相続人でない後継者への贈与を検討する際は，生命保険金などのみなし相続や遺贈による財産取得の予定がないことを確認しましょう。

【事例】

○　A は毎年 110 万円ずつ，3 年間，孫 B と孫 C へ暦年贈与を実行

○　A を保険料負担者，A を被保険者，孫 B を受取人とする生命保険契約あり

○　贈与開始から 3 年後に A に相続発生

孫 B への暦年贈与のうち相続財産への加算額	孫 C への暦年贈与のうち相続財産への加算額
110 万円×3 年間＝330 万円	なし

結果として，相続対策として実行していた孫 B への暦年贈与が全額相続財産に加算されてしまった。

ヒヤリハット事例

子の贈与税を親が負担する場合，その納税額も贈与となることを失念していた。

自社株の暦年贈与によって発生する贈与税については，金銭贈与のケースと異なり，受贈財産から納税資金を拠出することができないため，受贈者が自己の資金から納税することが困難な場合があります。受贈者に代わってオーナーが納税する場合，その納税額も贈与にあたります。

したがって，自社株の贈与の際には納税の方法についても事前検討しておくとともに，納税資金をオーナーが負担する場合には，その納税資金を含めた適正贈与額の算定を行うようにしましょう。

【事例】

年間 510 万円ずつ自社株を贈与する対策プランにおいては，毎年 50 万円（特例税率の場合）の贈与税が生じる。自社株と合わせ，贈与税の納税資金を贈与する場合，自社株の贈与を 460 万円に抑えることとなる。

4 贈与による承継
③相続時精算課税制度

(1) 相続時精算課税制度とは

相続時精算課税制度は，父母・祖父母等から子・孫等への生前贈与について，累計2,500万円までは贈与税が課税されず，2,500万円を超える部分には20％の贈与税を課税し，贈与者の死亡時には贈与財産を相続財産に加算して相続税を課税（精算）する制度です。なお，相続時精算課税制度の適用を受ける贈与財産は贈与時の価額で加算されるため，同一の財産であっても，相続時と比べて贈与時の価額の方が低い場合には贈与による移転が有利になります。

また，暦年課税と相続時精算課税は選択制であり，一度，相続時精算課税制度を選択すると，その贈与者と受贈者の間の贈与については，暦年課税に戻ることができません。

令和5年度税制改正により，令和6年1月1日以後の贈与から累計2,500万円の特別控除額とは別に，相続時精算課税にも基礎控除額110万円が新設されました。

【贈与制度比較】

	控除	加算期間	相続時加算金額
暦年課税	基礎控除 年110万円	相続前 7年間	加算期間内の贈与財産の合計額
相続時 精算課税	基礎控除 年110万円	選択後 一生涯	各年の贈与財産額から110万円を 控除した金額の合計額
	特別控除 累計2,500万円		

【贈与税申告件数推移】

	2015年	2016年	2017年	2018年	2019年
暦年課税	403,683	388,106	385,283	374,118	364,978
相続時精算課税	49,967	45,352	44,921	42,885	42,548

過去の贈与税申告件数推移をみると，相続時精算課税は暦年課税と比較し，まだまだ活用されていない状況ですが，基礎控除額110万円の新設により，今後は相続時精算課税制度の件数が伸びていくものと想定されます。

(2) 自社株の場合

相続時精算課税制度を適用した場合，実質的に，相続税の課税対象となる自社株の評価を，贈与時の株価で固定することができるため，将来株価の上昇が見込まれる場合や，一時的な業績悪化等により現時点の株価が低い場合には，その低い株価を活用して相続税の負担軽減が可能となります。株価は企業の業績により大きく変動するので，低い株価で固定できた場合の節税効果は大きく，中小企業の事業承継の場面では，相続時精算課税制度が活用される機会も多いです。また，中小企業オーナーの将来の相続税は，株価の変動により大きく変動しますが，相続時精算課税制度を活用し株価を固定することで，早期により正確な相続税試算が可能となり，将来の相続税負担に不安を感じる後継者が納税計画を立てやすくなるメリットもあります。

一方で，株価が低いタイミングと事業承継すべきタイミングは必ずしも一致しないため，節税効果を優先した結果，後継者が育つ前に株式を承継してしまうケースや，自社株の承継が後継者に集中した結果，相続時に遺産分割協議において他の相続人と揉めてしまうケースなどもありますので，注意が必要です。

ヒヤリハット事例

年齢要件の確認を失念していた。

相続時精算課税制度は，60 歳以上の父母・祖父母等から，18 歳以上の子・孫等に対し，財産を贈与した場合に適用できる制度です。企業の株価が下がるタイミングや節税効果にとらわれてしまい，年齢要件の確認を後回しにしてしまうケースがあります。贈与の翌年，申告するタイミングで添付資料の戸籍謄本を確認し気づいた場合には手遅れです。相続時精算課税制度適用前の検討段階で年齢を確認し，ミスを防ぎましょう。

【事例】

○　相続時精算課税制度の適用を前提に自社株 1 億円の贈与を実行

○　58 歳の父から 30 歳の子に対して贈与

	相続時精算課税制度適用あり	相続時精算課税制度適用なし
贈与税額（特例税率）	（1 億円－2,500 万円（特別控除額）－110 万円）×20％＝1,478 万円	（1 億円－110 万円）×55％－640 万円＝約 4,800 万円

結果として，贈与者の父が 60 歳以上の年齢要件を満たしておらず，相続時精算課税制度が適用できないため，贈与時に想定外の税負担が発生してしまった。

ヒヤリハット事例

暦年課税を選択した方が有利だった。

相続時精算課税制度は，株価を固定する効果はありますが，たとえ低い株価であっても相続時においては相続財産に加算されます。一方で暦年課税は原則，相続財産には加算されません。企業の規模によっては，毎年，暦年課税を活用してコツコツ承継する方が有利になる可能性があります。相続による承継と相続時精算課税贈与による承継の税負担比較だけでなく，暦年贈与による承継との比較も忘れずに検討し，ミスを防ぎましょう。

【事例】

○ 相続時精算課税制度の適用を前提に自社株 3,000 万円を長男へ贈与

○ 父の自社株以外の財産総額は 7,000 万円

○ 父の相続人は長男と二男の 2 人

○ 自社株の価額は相続時には 3,500 万円に上昇していると仮定

	相続時精算課税制度を適用して1 回で全株式を贈与した場合	暦年贈与により毎年 310 万円ずつ，10 年間株式を贈与した場合
贈与時	3,000 万円－2,500 万円（特別控除額）－110 万円（基礎控除額）＝390 万円 390 万円×20%＝78 万円	（310 万円－110 万円）×10%＝20 万円 20 万円×10 年＝200 万円
相続時	7,000 万円＋（3,000 万円－110 万円）－4,200 万円＝5,690 万円 長男 5,690 万円×1/2×15%－50 万円＝約 377 万円 約 377 万円－78 万円（贈与税額）＝約 299 万円 二男 5,690 万円×1/2×15%－50 万円＝約 377 万円	7,000 万円＋400 万円（※）－4,200 万円＝3,200 万円 長男 3,200 万円×1/2×15%－50 万円＝190 万円 二男 長男と同じ （※） 3,500 万円（相続時の株価）－310 万円×10 年（贈与した株式）＝400 万円
税額合計	78 万円＋約 299 万円＋約 377 万円＝約 754 万円	200 万円＋190 万円×2 人＝580 万円

結果として，相続時の自社株の価額が贈与時より高かったとしても，暦年贈

与を活用してコツコツ承継する方が有利だった。

中小企業オーナーの自社株を含めた所有財産全体の相続税評価額が，暦年課税による贈与で十分対策可能な規模である場合や，会社の利益水準が低く，将来の自社株の評価の上昇スピードが緩やかな場合などは，暦年贈与による承継も含めて慎重に検討する必要があるといえる。

ヒヤリハット事例

暦年課税が選択できなくなることを失念していた。

暦年課税と相続時精算課税は選択制であり，一度，相続時精算課税を選択すると暦年課税に戻ることができません。相続時精算課税制度を適用して事業承継を実行した翌年以降，暦年課税を活用する前提で毎年コツコツ贈与しても，その贈与はすべて相続時に相続財産に加算されてしまいます。相続時精算課税制度適用前の検討段階で，暦年課税が選択できなくなることを確認し，選択のミスを防ぎましょう。なお，令和5年度税制改正により，相続時精算課税による贈与についても基礎控除額110万円の適用があります。

【事例】

○　相続時精算課税制度適用後，同じ受贈者に毎年310万円ずつ，10年間現金を贈与

相続時精算課税制度を適用していなかった場合の相続財産減少額	相続時精算課税制度を適用していた場合の相続財産減少額
310万円×10年間＝3,100万円	110万円×10年間＝1,100万円

結果として，相続対策として実行していた10年間の現金贈与の大部分が相続財産に加算されてしまった。

ヒヤリハット事例

相続時精算課税制度を適用した贈与時点の株価よりも相続時点の株価の方が低かった。

相続時精算課税制度の適用を受ける贈与財産は，贈与時の価額で相続財産に加算されます。贈与時点では，将来株価が上昇する可能性が高いと見込んで相続時精算課税制度を適用した場合でも，企業の業績によっては，相続時点の株価の方が贈与時より低い可能性もあります。このような場合でも，相続時精算課税を適用している場合には，残念ながら贈与時点の株価によって加算されます。

したがって，相続時精算課税制度適用前の検討段階で，将来の株価が低くなったとしても，贈与時点の株価で固定されてしまうことを認識しておきましょう。

【事例】

○　相続時精算課税制度の適用を前提に自社株 3,000 万円の贈与を実行

○　父の自社株以外の財産総額は 7,000 万円

○　父の相続人は長男と二男の 2 人

○　自社株の価額は相続時には 1,000 万円に下落していると仮定

	相続時精算課税制度を適用して贈与した場合の相続税	相続時精算課税制度を適用して贈与しなかった場合の相続税
贈与時	3,000 万円－2,500 万円（特別控除額）－110 万円（基礎控除額）＝390 万円 390 万円×20%＝78 万円	なし
相続時	7,000 万円＋（3,000 万円－110 万円）－4,200 万円（基礎控除額）＝5,690 万円	7,000 万円＋1,000 万円－4,200 万円＝3,800 万円

	長男 5,690 万円×1/2×15%－50 万円＝約 377 万円 約 377 万円－78 万円(贈与税額)＝約 299 万円 二男 5,690 万円×1/2×15%－50 万円＝約 377 万円	長男 3,800 万円×1/2×15%－50 万円＝235 万円 二男 長男と同じ
合計	78 万円＋約 299 万円＋約 377 万円＝約 754 万円	235 万円×2 人＝470 万円

結果として，業績悪化により自社株の価額が下落したため，贈与をせず相続を待った方が有利になった。

ヒヤリハット事例

相続時精算課税制度適用後，受贈者が先に亡くなってしまい，想定外の納税が生じてしまった。

相続時精算課税制度の適用を受けた受贈者に相続があった場合，相続時精算課税の権利・義務は相続人に承継されます。相続時精算課税制度を適用し，祖父から父へ自社株の贈与があった場合に，祖父より先に父が亡くなったときには，相続人である子は父から自社株を相続し，これに対して相続税が課税されます（父の相続税)。一方，その後，祖父に相続があった場合，その相続財産には相続時精算課税制度の適用により贈与された自社株の価額が加算されます（祖父の相続税)。つまり，父が亡くなったときと祖父が亡くなったときの二度にわたり，同じ自社株に対して相続税が課税されるのです。

通常，祖父より先に父が亡くなった場合，自社株は祖父の相続時に子が代襲相続することとなり，相続税課税は 1 回です。対して，相続時精算課税制度により贈与を行った場合には，父の相続時・祖父の相続時それぞれに対して相続税が課税されます。もし相続時精算課税制度を適用していなければ，このような二重課税は発生していなかったことになります。

したがって，相続時精算課税制度適用前の検討段階で，受贈者に先に相続があった場合の税負担の増加についても確認しておきましょう。

【事例】

○ 相続時精算課税制度を適用し，祖父から父へ自社株3,000万円の贈与を実行

○ 相続時精算課税制度を適用した翌年，祖父より先に受贈者である父が死亡

○ 父が亡くなってから15年後，祖父が死亡

○ 祖父の自社株以外の財産総額は7,000万円

○ 祖父の相続人は代襲相続した長男と二男の2人

○ 父の自社株以外の財産総額は5,000万円

○ 父の相続人は長男と二男の2人

○ 自社株の価額は常に3,000万円と仮定

	相続時精算課税制度を適用して贈与した場合の相続税	相続時精算課税制度を適用して贈与しなかった場合の相続税
贈与時	3,000万円－2,500万円(特別控除額)－110万円(基礎控除額)＝390万円 390万円×20%＝78万円	なし
父相続発生時	5,000万円＋3,000万円－4,200万円(基礎控除額)＝3,800万円 長男 3,800万円×1/2×15%－50万円＝235万円 235万円－78万円(贈与税額)＝157万円 二男 3,800万円×1/2×15%－50万円＝235万円 157万円＋235万円＝392万円	長男 (5,000万円－4,200万円)×1/2×10%＝40万円 二男 長男と同じ 40万円×2人＝80万円

祖父相続発生時	長男 (7,000万円＋3,000万円－110万円)－4,200万円＝5,690万円 5,690万円×1/2×15%－50万円＝約377万円 二男 長男と同じ 約377万円×2人＝約754万円	長男 (7,000万円＋3,000万円)－4,200万円＝5,800万円 5,800万円×1/2×15%－50万円＝385万円 二男 長男と同じ 385万円×2人＝770万円
税額合計	下線部の合計額 約1,224万円	下線部の合計額 850万円

相続時精算課税制度を適用していたため，父相続発生時と祖父相続発生時の二度にわたり，自社株に対して相続税が課税されてしまった。

ヒヤリハット事例

相続時精算課税制度を過去に適用していたことを失念していた。

相続時精算課税制度を適用すると，贈与財産は一生涯を通じて相続財産に加算されます。過去に相続時精算課税制度を適用していたことを失念し，贈与時点において贈与税の計算を誤ってしまうケースや，相続時点において相続財産への加算が漏れてしまうケースがあります。失念する理由として，相続時精算課税制度の最初の適用から相続までの期間が長期化すること，相続時点で受贈者自身の贈与を受けた認識が曖昧になっていることが挙げられます。過去に相続時精算課税制度の適用を受けている可能性がある場合には，申告書等閲覧サービスの利用も検討しましょう。

なお，贈与者が死亡した際の相続税申告においては，税務署への開示請求により他の相続人等への相続時精算課税贈与の有無を確認することができます。

相続時精算課税制度を適用した場合の贈与額は比較的高額になることが多く，

税負担への影響も大きくなるため，事業承継の検討段階で，過去に相続時精算課税制度を適用したことがないか確認しておきましょう。

【事例】

○　相続時精算課税制度を適用し，自社株 3,000 万円の贈与を実行

○　10 年前に既に相続時精算課税制度を適用し，3,000 万円の不動産を贈与していた

	過去に相続時精算課税制度の適用がなかった場合	過去に相続時精算課税制度を既に適用していた場合
贈与税額	(3,000 万円－2,500 万円(特別控除額)－110 万円(基礎控除額))×20%＝78 万円	(3,000 万円－110 万円) ×20%＝578 万円

過去に相続時精算課税制度を適用していたため，自社株贈与時には特別控除額の枠が残っておらず，想定外の税負担が発生してしまった。

ヒヤリハット事例

相続税申告書に相続時精算課税制度の適用を受けた贈与財産が記載されることで，他の相続人に過去に贈与があった事実を知られてしまった。

相続時精算課税制度を適用した場合，その適用を受けた贈与財産（以下，「相続時精算課税適用財産」といいます）は相続税申告書にも記載されます。申告書（第 1 表，第 11 の 2 表など）に記載されることで，相続時になって，過去に自社株の贈与があった事実やその自社株の評価額が他の相続人に判明してしまい，遺産分割協議が難航するケースがあります。

また，相続時精算課税適用財産は，相続税を計算する際に相続財産に加算さ

れるため，結果，課税価格を押し上げることになり，他の相続人の相続税負担に影響を及ぼす可能性もあります。

したがって，相続時精算課税制度適用前の検討段階で，相続時に他の相続人に及ぼす影響や遺産分割協議に支障が出る可能性がないか，慎重に確認する必要があります。

【事例】

○　自社株 3,000 万円の贈与を実行

○　贈与の 15 年後に父が死亡

○　父の自社株以外の財産総額は 7,000 万円

○　父の相続人は長男と二男の 2 人

	相続時精算課税制度を選択した場合	暦年課税を選択した場合
相続税申告書に記載される価額	2,890 万円＋7,000 万円＝9,890 万円	7,000 万円

本事例では，相続時精算課税制度を適用して父が長男へ自社株 3,000 万円を贈与したが，二男はそのことを知らず，相続税申告書の記載により贈与があったことを知った。また，2,890 万円が相続財産に加算されることで，二男は贈与を受けていないにもかかわらず，相続税の負担額が増加してしまった。

5　譲渡による承継

譲渡により株式を承継する場合，対価として売主に現金が入ってくるため，無償で承継する贈与と比較して相続税の対策にはなりません。一方で，株式が遺産分割容易な現金に変わるため，遺産分割協議を円滑に進めるためには有効な場合があります。

オーナーが会社から資金を引き出す場合，配当や役員報酬を支払う方法がありますが，どちらもオーナーに総合課税（累進課税，最高税率55%）により所得税・住民税が課税されます。対して，株式の譲渡は分離課税（税率一律20%）により所得税・住民税が課税されるため，譲渡による承継はオーナーが低い税率で現金を獲得できる方法でもあります。創業者利益を得たいオーナーには手取り額を最大化する手法として有効です。

なお，譲渡後は売主に現金が入るため，この現金について相続税や遺産分割の対策を検討する必要があります。

また，譲渡の場合，その相手方が個人や法人，同族株主あるいはそれ以外の場合で株式の評価方法・課税関係がそれぞれ異なります。

(1)　個人に譲渡する場合

同族株主の個人に譲渡する場合，株式は相続税評価額により評価されます。法人に譲渡する場合と比較して価額が低くなることが多いため，譲渡価額を抑えたい場合に選択される方法です。

相続税評価額よりも低い価額で譲渡した場合，その差額が売主から買主への贈与とみなされ買主に贈与税が課税されます。全体のキャッシュアウトを少なくしたい場合には，低い価額で譲渡し，差額について贈与税を負担する方法も考えられます。また，分散株式を集約したい場面では，低い価額で買い取ることで買取資金を抑えて贈与税課税を受けるケースも考えられます。

買主が個人で買取資金を用意できない場合，会社から買取資金を借入れて買い取り，その後，買主が会社からの退職金や役員報酬等で借入金を返済する方法も考えられます。

同族株主以外の個人に譲渡する場合，株式は配当還元価額により評価されます。相続税評価額と比較して価額が非常に低くなることが多いため，資金負担を抑えて承継したい場面では，同族株主以外の買主にも一部買い取ってもらうケースも考えられますが，同族株主以外が株式を保有すると，将来の株式分散リスクを抱えることになります。

(2) 法人に譲渡する場合

法人に譲渡する場合，株式は法人税法上の時価により評価されます。後継者が新設法人を作り株式を買い取る，いわゆる持株会社化（ホールディングス化）や，親族外の会社役員が新設法人を作り株式を買い取る，いわゆるMBO（マネジメント・バイアウト）がこの方法に該当します。

個人に譲渡する場合と比較して価額が高くなり，買取資金は銀行からの融資等で手当てされることが多いです。銀行から融資を受ける場合には，買取後に借入金の返済が必要であるため，十分な事業計画が必要です。

一般的には，子会社となる会社の資金を親会社である持株会社に配当し，その配当で借入金を返済する形になります。親会社は毎期利子を負担する必要があり，子会社は毎期配当を出し続ける必要があるため，この手法を採用できる会社は業績が堅調に推移していて，十分なキャッシュフローが確保できる会社ということになります。

なお，法人税法上の時価よりも低い価額で譲渡した場合，その差額が買主の受贈益とされ法人税が課税されます。また，会社の株式価値が上昇したことについて，既存株主に対して贈与税が課税される可能性もあります。さらに，その譲渡対価が法人税法上の時価の 2 分の 1 未満である場合，売主はその譲渡対価ではなく，法人税法上の時価で譲渡したものとみなされ所得税が課税されます。

(3) 自社に譲渡する場合（金庫株）

自社に譲渡（会社が買い取った自社株のことを「金庫株」といいます）する場合，株式は法人税法上の時価により評価されます。この方法を採用した場合，売主はその株式を譲渡したのではなく，その会社から配当を受けたものとして総合課税（累進課税，最高税率 55%）により所得税・住民税が課税されます。

株式相続後 3 年 10ヶ月以内に実行した場合に限り，分離課税（税率一律 20%）により所得税・住民税が課税されるため活用のチャンスといえますが，それ以外のタイミングでは活用の場面は多くありません。

法人税法上の時価で評価すべきところ，配当還元価額により評価してしまっている事例が散見されますが，この場合，低い価額で買い取った会社の価値が上昇し，その価値上昇＝既存株主が有する株価の上昇と考えられるため，その価値上昇分が売主から既存株主への贈与とみなされ，既存株主へ贈与税が課税されます。

ヒヤリハット事例

法人に株式を相続税評価額で譲渡したため，売主にみなし譲渡課税が発生してしまった。

会社規模が大会社の場合，相続税評価額の算定上，原則，類似業種比準方式が適用されるため，相続税評価額と法人税法上の時価との開きが非常に大きくなるケースがあります。この場合，相続税評価額が法人税法上の時価の 2 分の 1 未満であるにもかかわらず，相続税評価額で株式を譲渡してしまうと，その差額に対して買主の法人に法人税課税が発生するばかりか，法人税法上の時価で譲渡したものとみなされ，売主は対価が得られない部分に対しても所得税課税がされるため，十分に注意が必要です。

【事例】

	売主が譲渡した株式の価額
相続税評価額	4,000 万円
法人税法上の時価	1 億円

	①法人税課税	②所得税（みなし譲渡）課税
課税対象	買主である法人	売主である個人
税額	（1 億円－4,000 万円）×約 30% ＝約 1,800 万円	（1 億円－4,000 万円）×約 20% ＝約 1,200 万円
理由	法人税法上の時価と相続税評価額との差額が受贈益とされるため。	相続税評価額が法人税法上の時価の 1／2 に満たないため（低額譲渡）。

本事例の場合，相続税評価額 4,000 万円は法人税法上の時価 1 億円の 2 分の 1 未満となる（40%<2 分の 1）。したがって，買主である法人には法人税が約 1,800 万円，売主である個人には所得税が約 1,200 万円それぞれ課税されることになってしまった。

ヒヤリハット事例

子会社から持株会社に出した配当が益金不算入とならなかった。

いわゆる持株会社化の手法を採用し，融資を受けて株式を買い取った場合，持株会社は買取後に借入金の返済が必要となりますが，新設法人には収益力がないため，その資金源は子会社からの配当になります。

100%親子会社間の配当には基本的に課税関係が生じないため，子会社から持株会社へは円滑な資金融通が可能ですが，持株会社側で益金不算入になる条件として，配当の計算期間を通じて子会社と持株会社との間に完全支配関係があることが必要となります。

株式等の区分	保有割合等	保有要件	益金不算入額
①完全子法人株式等	100%	配当等の計算期間を通じて完全支配関係あり	配当等の全額
②関連法人株式等	3分の1超(※1)	配当等の基準日以前6ヶ月以上継続保有（配当等の計算期間が6ヶ月未満の場合は計算期間を通じて保有）(※2)	配当等－負債利子
③その他の株式等	5%超 3分の1以下	①，②及び④以外	配当等×50%
④非支配目的株式等	5%以下(※1)	配当等の基準日で判定（短期保有株式等を除いて判定）(※2) 特定株式投資信託（ETFなど）を含む	配当等×20%

（※1）　保有割合の判定は，完全支配関係のある他の法人を含めて行う。
（※2）　完全子法人株式等を除く。

譲渡後，すぐに配当を行う場合，保有要件を満たさないため，その他の株式等として配当の50%が益金に算入され法人税が課税されます。したがって，融資実行直後については，借入金の返済開始時期を遅らせるなどの検討が必要になります。

【事例】

①	令和6年1月に新設法人が株式を全て買取り（買取資金は銀行からの融資）
②	令和6年2月から返済開始のため，同月に子会社から新設法人へ2,000万円の配当を支払

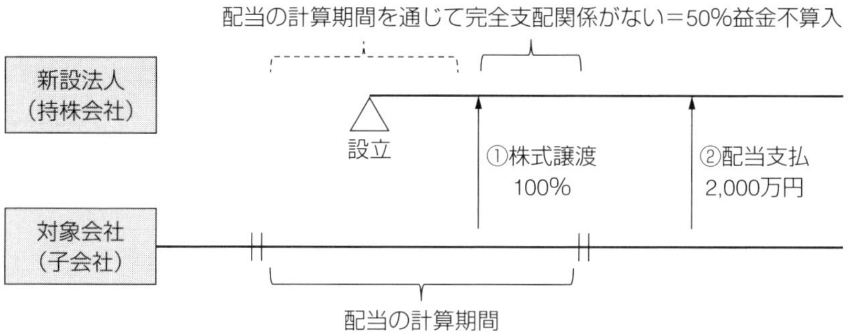

結果として，その他の株式等に該当し，配当の 50%に対して法人税（2,000 万円×50%×約 30%＝約 300 万円）が課税されてしまった。

6　事業承継税制を活用した承継

(1)　事業承継税制とは

事業承継税制とは，後継者である受贈者・相続人が取得した非上場株式について，一定の認定のもと，贈与税や相続税の納税が猶予される制度（措法70の7の5，70の7の6）です。猶予された税額は，後継者の死亡等，一定の要件を満たした場合，免除されます。事業承継税制には，「一般措置」と「特例措置」の2つの制度があり，現状は特例措置を選択する方が有利になっています。

	特例措置	一般措置
適用期限	令和9年12月31日までの 贈与・相続等	無期限
対象株式	全株式	総株式数の 最大3分の2まで
納税猶予割合	贈与：100% 相続：100%	贈与：100% 相続：80%
承継パターン	複数の株主から 最大3人の後継者	複数の株主から 1人の後継者
適用要件	経営承継円滑化法の認定	なし
特例承継計画の策定	令和8年3月31日までに提出	不要
雇用確保要件	弾力化	承継後5年間は 平均8割の雇用維持が必要
事業の継続が困難な事由が生じた場合の免除	あり	なし
相続時精算課税の適用	60歳以上の者から 18歳以上の者への贈与 （直系卑属に限定されない）	60歳以上の者から 18歳以上の 推定相続人・孫への贈与

なお，本書では主に「特例措置」について記載します。

(2)　適用を受けるための手続き

事業承継税制の適用を受けるためには，経営承継円滑化法が規定する各種の手続きを実施しなければなりません。

①　特例承継計画の作成・提出

中小企業者が特例措置の適用を受けるためには，特例承継計画を都道府県に提出し，確認を受ける必要があります。後継者の氏名や事業承継の時期，承継時までの経営の見通し，承継後5年間の事業計画，認定支援機関による指導及び助言の内容を記載します。

②　経営承継円滑化法の認定の申請

非上場株式の贈与・相続について事業承継税制の適用を受けるためには，都道府県から円滑化法による認定を受ける必要があります。なお，認定要件は下記のとおりです。

【認定要件（先代経営者から後継者への贈与，相続・遺贈の場合）】

要件		贈与	相続
対象会社要件	中小企業者であること	○	○
	上場会社等・風俗営業会社に該当しないこと	○	○
	資産保有型会社又は資産運用型会社に該当しないこと	○	○
	総収入金額が零を超えていること	○	○
	常時使用従業員数が１人以上（その会社の特別子会社が外国会社に該当する場合（その会社又はその会社による支配関係がある法人がその特別子会社の株式等を有する場合に限ります）には５人以上）であること	○	○
	特定特別子会社が，大会社，上場会社，風俗営業会社に該当しないこと	○	○
	第一種特例経営承継受贈者（相続人）以外の者が拒否権付株式を保有していないこと	○	○
後継者要件	贈与（相続）時において，第一種特例経営承継受贈者（相続人）とその者の親族などで総議決権数の過半数を保有していること	○	○
	（後継者１人の場合）同族関係者の中で最も多くの議決権数を保有していること	○	○

	（後継者複数の場合）各後継者が 10%以上の議決権を有し，かつ，各後継者が同族関係者のうちいずれかの者が有する議決権の数をも下回らないこと	○	○
	贈与時に 18 歳以上の代表者であり，かつ，贈与の直前において 3 年以上役員であること	○	
	相続開始の直前において役員であり（先代経営者が 70 歳未満で死亡した場合又は相続発生前に確認を受けた特例承継計画に特例後継者として記載されている場合を除く），相続開始から 5 か月後に代表者であること		○
	贈与（相続又は遺贈）により取得した株式等を継続して保有していること	○	○
	その会社の株式等について，一般措置の適用を受けていないこと	○	○
	特例承継計画に記載された後継者であること	○	○
先代経営者要件	先代経営者がその会社の代表者であった期間内のいずれかの時及びその贈与（相続開始）の直前(※)において，先代経営者と先代経営者の親族などで総議決権数の過半数を保有しており，かつ，これらの者の中で最も多くの議決権を有する者（特例の適用を受ける後継者を除く）であったこと （※） 贈与の場合，後継者が 2 人又は 3 人のときには，「1 人目の贈与の直前」を指す	○	○
	会社の代表者であったこと	○	○
	既に事業承継税制の適用に係る贈与をしていないこと	○	○
	特例承継計画に記載された先代経営者であること	○	○
	贈与時に代表者を退任していること	○	
	一定数以上の株式等を贈与すること （後継者 1 人の場合） ① 贈与者と後継者の保有議決権数が合わせてその会社の総議決権数の 3 分の 2 以上である場合，贈与後の後継者の議決権数が 3 分の 2 以上となるように贈与 ② 贈与者と後継者の保有議決権数が合わせてその会社の総議決権数の 3 分の 2 未満である場合，先代経営者が保有する議決権株式等のすべてを贈与 （後継者 2 人又は 3 人の場合） 贈与後に，それぞれの後継者の議決権数が 10%以上であり，かつ，最後の贈与後(※)に後継者が贈与者よりも多くの議決権数を有するように贈与 （※） 後継者が 2 人の場合には 2 人目の贈与後，3 人の場合には 3 人目の贈与後を指し，贈与者と後継者が同率では不可	○	

なお，未分割である場合には認定を受けられませんので，注意しましょう。

③　申告

税務署長に担保を提供した上で，贈与税又は相続税に係る申告を期限内に行う必要があります。申告期限超過に係る宥恕規定はないため，特に留意が必要です。

④　申告後5年間の手続き

最初に事業承継税制を適用した贈与・相続の申告期限から5年の期間を「特例経営承継期間」といい，この間は，都道府県知事及び税務署長への手続きが必要となります。具体的には毎年，都道府県には年次報告書，税務署には継続届出書を提出します。

なお，特例経営承継期間内であれば，先代経営者以外からの贈与についても事業承継税制の適用が可能です（第二種特例贈与）。

⑤　6年目以降

税務署への継続届出書の提出が3年に一度となります。なお，都道府県への年次報告書の提出は不要です。

(3)　贈与者に相続が発生した場合

贈与者に相続が発生した場合には，相続により取得したものとみなされた非上場株式等に係る相続税につき，贈与者が死亡した場合の相続税の納税猶予制度の特例の適用（切替確認）を受けることで，納税猶予が継続します。

切替確認を受けるための要件	特例経営承継期間内（5年以内）	特例経営承継期間経過後（5年経過後）
中小企業者であること	—	—
風俗営業会社に該当しないこと	○	○
特定特別子会社が風俗営業会社に該当しないこと	○	○
資産保有型会社又は資産運用型会社に該当しないこと	○	○

総収入金額が零を超えていること	○	○
従業員数が1人以上いること	○	○
上場会社等に該当しないこと	○	—
特定特別子会社等が上場会社等に該当しないこと	○	—
後継者が代表者であること	○	○（※）
後継者の同族で過半数の株式を有していること	○	○（※）
後継者が同族内で筆頭株主であること	○	○（※）
後継者以外の者が拒否権付株式を保有していないこと	○	○（※）

（※） 5年経過後，これらの要件を満たさなくなったことによる納税猶予の取消しはありませんが，贈与者が死亡した場合の切替確認の要件となっていることに注意が必要です。

(4) 納税猶予の取消し

納税猶予の適用後に以下の事由に該当した場合は，納税猶予が取り消されます。なお，5年経過後は，後継者が代表者要件，議決権同族過半数要件，同族内筆頭要件を満たさなくなったとしても納税猶予の取消しはありません。

事由 （※1） やむを得ない理由がある場合を除きます。		特例経営承継期間内（5年以内）	特例経営承継期間経過後（5年経過後）
[贈与のみ]先代経営者要件	再び認定承継会社の代表者になった場合	×	—
	先代経営者（贈与者）が死亡した場合	○	○
後継者要件	認定承継会社の代表者を退任した場合	×（※1）	—
	議決権同族過半数要件を満たさなくなった場合	×	—
	同族内筆頭要件を満たさなくなった場合	×	—
	納税猶予対象株式を譲渡した場合	×	△
	次の後継者（三代目）に対して納税猶予の認定を受ける贈与をした場合	○（※1）	○
	自発的な猶予の取消申請をした場合	×	×
	後継者（受贈者・相続人）が死亡した場合	○	○

対象会社要件	雇用の平均８割維持要件を満たせなかった場合に，実績報告を行わなかったとき	×	—
	会社分割（吸収分割承継会社等の株式等を配当財産とする剰余金の配当があった場合に限る）	×	△
	組織変更（認定承継会社の株式等以外の財産の交付があった場合に限る）	×	△
	解散した場合	×	×
	資産保有型会社・資産運用型会社に該当した場合	×	×
	総収入金額零に該当した場合	×	×
	資本金・準備金を減少した場合（欠損填補目的等を除く）	×	×
	合併により消滅した場合(※2)	×	△
	株式交換・株式移転により完全子会社となった場合(※2)	×	△
	上場会社・風俗営業会社に該当した場合	×	—
	特定特別子会社が風俗営業会社に該当した場合	×	—
	拒否権付株式を特例措置の適用を受ける後継者以外の者が保有した場合	×	—
	後継者の代表権・議決権を制限した場合	×	—
	年次報告書や継続届出書を未提出又は虚偽の報告等をしていた場合 等	×	×

×……猶予税額の全部及び利子税を納付　△……猶予税額の一部及び利子税を納付
○……猶予税額の免除

(※2)　合併・株式交換等の場合において，以下の要件を満たすときは，納税猶予が継続します。

・組織再編にあたって金銭の交付がないこと（合併交付金・反対株主による買取請求などを除く）
・後継者が合併法人等の代表者であること
・後継者が親族とあわせて合併法人等の議決権の50％超を保有すること
・後継者が親族内で合併法人等の筆頭株主であること

ヒヤリハット事例

次の後継者（三代目）がいなかったため，猶予されていた贈与税・相続税が免除されなかった。

猶予されていた贈与税・相続税が全額免除される条件は，主に以下の２つがあります。

○　事業承継税制を適用しさらに三代目へ自社株の贈与を行った場合

○　後継者（受贈者又は相続人）が死亡した場合

三代目社長がいない場合，どこかで事業承継税制が取り消されてしまうため，後継者の育成が重要な経営事項であることを認識したうえで，事業承継税制を適用する必要があります。また，三代目社長の育成を目標に事業承継税制を適用したが，途中で第三者承継に切り替えたため，事業承継税制が取り消されることもあると考えられます。その場合，猶予されていた税額及び利子税を一括して支払う必要があるため，納税資金不足に陥ることがないよう注意が必要です。

【事例】

父から子に事業承継税制を適用して株式を贈与したが，子から次世代への承継について，孫が他社へ就職した結果，第三者承継（M&A）を選択せざるを得なくなり，株式譲渡代金から「納税猶予額＋利子税」を納付することになってしまった。

なお，パターン②のように，先代経営者が死亡する以前に事業承継税制が取り消された場合，贈与税が最高税率で課税される可能性もある。

パターン①：相続税納付

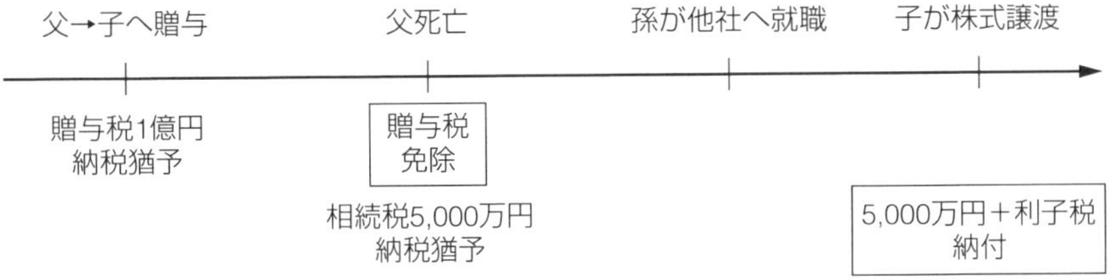

パターン②：贈与税納付（暦年課税を選択）

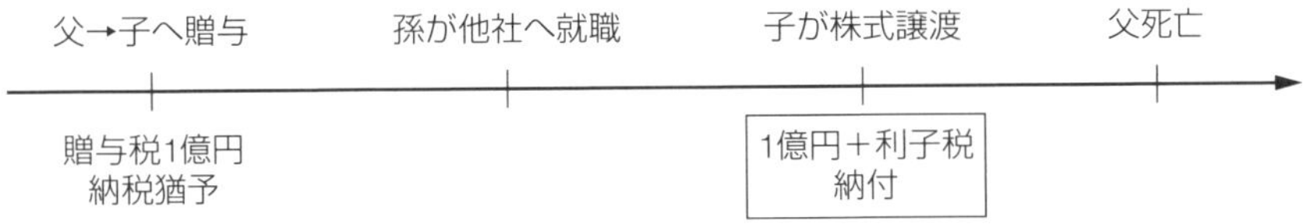

ヒヤリハット事例

自社株以外の相続財産を均等に相続する旨の遺産分割協議をしたが，納税額に差が出てしまい，結果として後継者の手取り額が減ってしまった。

自社株が 100%納税猶予されるといっても，相続税の計算に全く影響しないわけではありません。自社株以外の財産を均等に相続した場合，後継者と非後継者では税負担が異なります。そのため，自社株以外の財産を後継者が相続する場合には，非後継者より税負担が大きくなることに留意しなければなりません。もし納付後の手取りを同じにしたいときには，納税額のシミュレーションをした上で遺産分割協議を行います。

【事例】

相続人	相続財産
長男（後継者）	自社株式1億円＋その他財産1億円
二男	その他財産1億円

本来の相続税額の計算
((3億円－4,200万円)／2人×40%－1,700万円)×2人＝6,920万円
納税猶予額の計算
((2億円－4,200万円)／2人×30%－700万円)×2人×1億円／2億円＝1,670万円

納付税額の計算	
長男（後継者）	二男
(6,920万円×2億円／3億円)－1,670万円＝約2,943万円	(6,920万円×1億円／3億円)＝約2,306万円

結果として，長男は，約637万円（＝約2,943万円－約2,306万円）多く負担することとなった。

ヒヤリハット事例

株価が高いときに贈与税の納税猶予を適用してしまった（救済措置あり）。

贈与税の納税猶予が取り消された場合，贈与時の株価で計算した贈与税と利子税を納付しなければなりません。つまり「贈与時の株価＞納税猶予が取り消された時の株価」の場合，高い株価で計算された税額を納付します。したがって，贈与税の納税猶予を検討する場合は，最終的に贈与税が免除されるとはいえ，万が一の猶予税額の確定に備え，株価が低い時期に実行することを検討しましょう。

なお，特例措置に限り，5年経過後であれば，売上減少や赤字など事業継続が困難とされる事由がある場合において，株式を譲渡したときに，その譲渡の時における株価によって猶予税額を再計算する特例が認められています。

【事例】

株価が1億円であるときに事業承継税制を適用して株式贈与を行ったが，納税猶予が取り消された時の株価は5,000万円に下落していた。

贈与時の贈与税（納税猶予額）	納税猶予が取り消された時の株価で計算した贈与税
（株式1億円－110万円）×55%－640万円＝約4,800万円	（株式5,000万円－110万円）×55%－640万円＝約2,050万円

結果として，約2,750万円の納税負担が増えてしまった。

ヒヤリハット事例

先代経営者（贈与者又は被相続人）が「筆頭株主，かつ，代表者」である時期がなかった。

先代経営者は，次の時点において，親族とあわせて50%超の自社株を保有，かつ，親族内で筆頭株主である必要があります（特例の適用を受ける後継者を除きます）。

○　先代経営者がその会社の代表者であった期間内のいずれかの時

○　特例贈与を適用する場合は，贈与の直前（後継者が2人又は3人の場合は，「1人目の贈与の直前」を指す）

○　特例相続を適用する場合は，相続開始の直前

二代目の社長以降，事業承継税制の適用を検討する場合，先代経営者の相続のときに株式が分散し，同じ株主グループで過半数を保有していても筆頭株主要件を満たしていないことがあります。相続対策のため子や孫に株式の分散贈

与をした結果，贈与又は相続開始の直前で，先代経営者及び後継者以外が筆頭株主となってしまっていることもあります。事業承継税制の適用を検討する場合には，議決権割合の確認は慎重に行うようにしましょう。

【事例】

X 社の先代経営者である A から現代表者である長男への株式承継にあたり，事業承継税制を活用することとした。A は，創業者の娘である B に「婿入り」して経営者となっており，X 社の代表であった期間を通して，筆頭株主は B であった。A が代表者を退任した後，B が死亡し，A が自社株を相続し，筆頭株主となった。

【親族図】

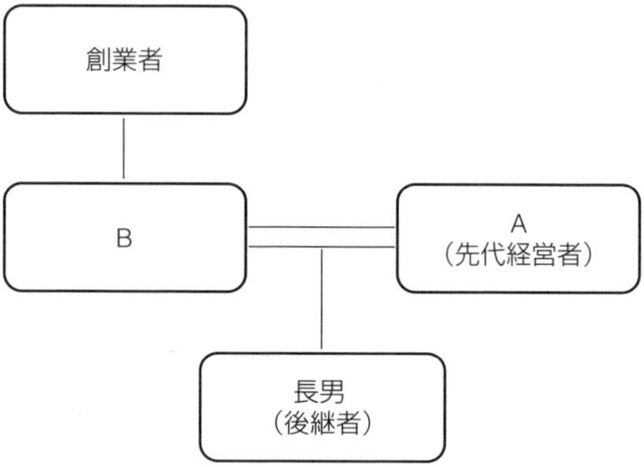

【株主構成】

	A が代表者であった期間	贈与直前
A	39%	90%
B	51%	0%
長男	10%	10%
合計	100%	100%

長男への贈与の実行後，円滑化法による認定申請を行うに当たり，「代表者

であった期間のいずれかの時において筆頭株主であったこと」の要件を満たさないことが発覚し，事業承継税制が適用できないこととなってしまった。

ヒヤリハット事例

後継者（受贈者又は相続人）が役員要件を満たしていなかった。

贈与の場合，後継者は贈与前３年間継続して対象会社の役員である必要があります。そのため，５年前に役員に就任したとしても，２年前に一度退任したのであれば，納税猶予は受けられません。対象会社の役員就任後，一時的に子会社の役員となるために退任しているケースなどは，見落としてしまうことがあります。これから特例措置を検討する後継者は，（特例措置の適用期限が令和９年12月31日までの贈与のため）少なくとも令和６年12月31日以前から継続して役員に就任することが必要です。

一方，相続の場合，後継者は相続開始の直前において役員である（ただし，先代経営者が70歳未満で死亡した場合又は相続発生前に確認を受けた特例承継計画に特例後継者として記載されている場合を除きます）必要があります。

後継者の役員就任が時期尚早で事業承継税制の適用は見送る方針であるものの，先代経営者の万が一の相続に備えて適用の選択肢を残しておく場合には，特例承継計画を提出しておくことで，急な相続の発生にも対応が可能です。

【事例】

令和７年１月１日以降，外国子会社への出向を命じられ，対象会社の役員を退任した結果，役員就任期間が３年に満たず，事業承継税制の適用を受けられなくなってしまった。

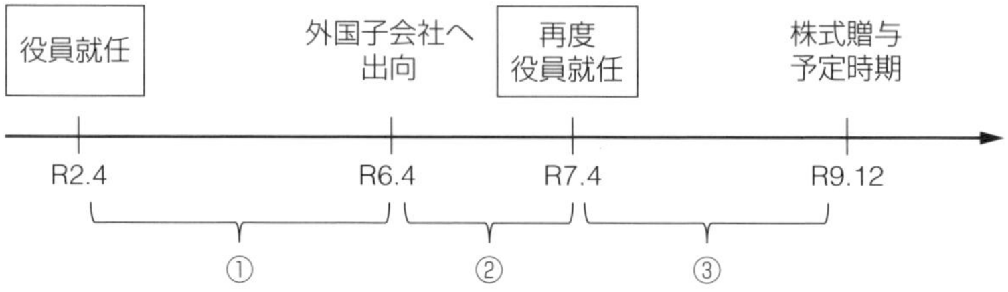

	①役員就任期間	②外国子会社出向期間	③役員就任期間
年数	4年	1年	2年9ヶ月
期間	R2年4月～R6年3月	R6年4月～R7年3月	R7年4月～R9年12月

∴贈与直前の役員就任期間　2年9ヶ月<3年

ヒヤリハット事例

認定承継会社が株券発行会社だったため，担保提供の手続きに時間がかかった。

事業承継税制の適用を受けるためには，贈与税又は相続税の申告期限までに，対象非上場株式等についての納税猶予に係る贈与税額又は相続税額に相当する担保を提供しなければなりません。担保として提供できる財産は，①対象非上場株式等の全部，又は②不動産，国債・地方債，有価証券，保証人の保証などがあります。

実務上選択するケースが多い，①対象非上場株式等の全部を担保提供する場合，対象会社の定款上，株券発行会社（実際に株券を発行していない会社も含みます）であるか，株券不発行会社であるかにより担保提供の手続きが異なります。

株券発行会社の場合，対象会社の株券を供託所に供託する必要があり，手続きが煩雑です。一方で株券不発行会社は，税務署へ一定の書類を提出するのみで担保提供が完了するため，手続きが簡素です。なお，定款上は株券発行会社であるものの，実際は株券を発行していない会社の場合，株券を実際に発行するか，株券不発行会社とする定款変更を行うことになりますが，手続きの煩雑さを考えれば株券不発行会社に定款変更した方がよいでしょう。

また，株券発行会社であるかどうかは，会社の履歴事項全部証明書によって見分けることができます。会社法上は，株券不発行会社が原則とされているため，株券について記載がなければ株券不発行会社，株券を発行する旨の記載があれば株券発行会社に該当します。

【事例】

対象会社が株券発行会社だったため，贈与税の申告期限までに担保提供に関する書類のすべてが揃わないことが判明し，慌てて臨時株主総会による定款変更の承認，株券不発行の登記手続きを行うことになってしまった。

なお，担保提供に関する書類が申告期限までに揃わない場合には，速やかに「担保関係書類の提出を行う旨の確約書」を所轄の税務署に提出する必要がある。

ヒヤリハット事例

外国子会社を有していたため，納税猶予が使えなかった又は一部猶予されなかった。

中小企業者が外国子会社の株式を有する場合，外国子会社は国内雇用に直接貢献しないものと考えられているため，外国子会社株式にまで納税猶予を認めることは事業承継税制の政策目的に照らして適当ではないとの観点から，納税猶予要件の厳格化と納税猶予額の縮減がされています。

納税猶予要件の厳格化	外国子会社の株式を有する会社は，常時使用する従業員数が5人以上（通常は1人以上）。
納税猶予額の縮減	外国子会社を有していないものとして計算した株価をもとに納税猶予額を計算する。 類似業種比準方式……1株当たり利益金額の計算上は外国子会社から受けた配当収入額，1株当たりの純資産価額の計算上は外国子会社の価額を除外して算定する。 純資産価額方式　……外国子会社株式を除外して純資産価額を算定する。

事業承継税制の活用を検討する場合は，外国子会社株式の保有状況など，資本構成によって納税猶予額に影響が生じる可能性があるため，事業承継税制を適用した場合の納税額と納税猶予額をシミュレーションすることが望ましいでしょう。

【事例】

外国子会社を有している場合，納税猶予の計算方法が通常と異なることに贈与税の申告時点で気づいたため，当初のシミュレーションで予定していた金額よりも少ない金額しか納税猶予の適用を受けられなくなってしまった。

【前提】

○　小会社に該当

○　類似業種比準価額5億円

（外国子会社からの配当金額，外国子会社株式を除外して算定した価額は4億円）

○　純資産価額15億円

（外国子会社株式を除外した価額は10億円）

全体株価	外国子会社を除いて計算した株価
5億円×0.5＋15億円×（1－0.5）＝10億円	4億円×0.5＋10億円×（1－0.5）＝7億円

結果として，納税猶予の対象となる金額が3億円減少してしまった。

ヒヤリハット事例

年次報告書や継続届出書の提出を忘れてしまった。

都道府県への年次報告書，税務署への継続届出書の提出を忘れてしまった場合，納税猶予が取り消され，猶予されていた贈与税又は相続税の全額及び利子税を納付する必要があります。また，虚偽の報告をした場合，あるいは偽りその他不正の手段により認定を受けた場合も認定が取り消されます。

年次報告書は，最初の5年間は毎年都道府県知事に提出し，その確認を受けます。ただし，6年目以降の提出は不要です。継続届出書は，最初の5年間は毎年税務署へ提出し，6年目以降は3年に一度提出します。

ヒヤリハット事例

特例承継計画の提出期限が過ぎてしまった。

事業承継税制の適用を受けるためには，特例承継計画を都道府県に提出し，その確認を受ける必要があります。この特例承継計画については，令和8年3月31日までに提出することが必須とされています。なお，特例承継計画を提出した場合でも，事業承継税制の適用が強制されるものではないため，事業承継税制適用の可能性がある場合は早めに提出しておきましょう。

特例承継計画の提出は贈与後又は相続開始後であっても可能であり，特例承継計画について都道府県知事の確認を受け，経営承継円滑化法の認定を受けたうえで贈与税・相続税の申告書を提出期限までに提出するなど一定の要件を満たしたときは，事業承継税制の適用を受けることが可能です。

ヒヤリハット事例

急いで事業承継税制を適用した結果，後継者に放漫経営をされた。

事業承継税制は，令和 9 年 12 月 31 日までの時限立法のため，後継者の経営者としての資質が分からないうちに贈与する（株式承継を先行させる）ことも考えられます。経営承継のタイミングと株式承継のタイミングは，必ずしも一致させる必要はありませんが，以下の点に留意する必要があります。

経営承継を先行させる場合	株式承継が行われるまで蓄積される利益により株価が高くなることで，税負担が増大するリスク
株式承継を先行させる場合	後継者が誤った経営判断をしてしまった場合，抑止できなくなるリスク

そのため，安定した経営という観点から後継者が保有するべき議決権割合を検討することや，税の観点にとらわれすぎないことが，円滑な事業承継を実現させるために必要な考え方です。なお，株式承継を先行させる場合において，属人的株式や種類株式を活用し，先代経営者の支配権を維持することでリスクを抑制する選択肢も考えられますが，事業承継税制では，後継者以外の者が拒否権付株式（＝黄金株）を有していないことが条件とされているため，その点も留意が必要です。

7　種類株式を活用した承継

前述した各手法における課題点・問題点に対し，それぞれの手法との組み合わせで効果を発揮するのが「種類株式」,「属人的株式」です。

会社と株主の関係については，会社法に基づき株主平等の原則（会社法 109 ①）が定められていますが，会社と出資者それぞれが株式保有に対して求めるニーズが様々であることから，例外として，株式や株主ごとに異なった取扱いを可能とする種類株式（同法 108）の発行，株主個人ごとにより異なる取扱い（いわゆる属人的株式，同法 109 ②）が認められています。

議決権や配当，残余財産の分配において優先・劣後する取扱いや，会社・株主それぞれから株式の取得を強制できるような取扱いなどが規定されており，オーナーの発言権を強化したり，外部株主の発言権を規制するような形で用いられることが多くあります。

(1)　種類株式

①　種類株式の制度内容（会社法 108）

(a)　剰余金の配当について優先・劣後する株式

(b)　残余財産の分配について優先・劣後する株式

(c)　議決権制限株式

経営を承継させる前の早い段階で後継者に株式を移転する場合に，実権を与えるまでは無議決権株式としておくことがあります。

また，(a)と組み合わせて，従業員持株会や外部株主などの持分を「配当優先無議決権株式」とするケースも多くみられます。

(d) 譲渡制限株式

他社へ譲渡等する際に会社（取締役会又は株主総会）の承認を要する株式です。ほとんどすべての中小企業において，発行するすべての株式を譲渡制限株式としています。

(e) 取得請求権付株式

(f)・(g)と混同しやすいですが，株主から会社に対し買取りを請求できる株式です。対価は定款により定められ，金銭以外に他の種類株式（普通株式を含みます）や社債などとすることができます。いったん経営を退いたオーナーが議決権を制限された取得請求権付株式を保有し，再度オーナー家から後継者が輩出された際には，普通株式への転換を請求するケースなどが考えられます。

(f) 取得条項付株式

(e)とは反対に，会社側から株主に対し株式の取得を請求できる株式です。役員，従業員などに株式を持たせる際，退職や死亡を理由に会社が株式を取得できる設計が考えられます。なお，この場合の対価は金銭・社債・無議決権株式などとなるでしょう。

(g) 全部取得条項付株式

(f)とは異なり，特別決議によりその全部を会社が取得できる株式です。当初は事業再生の際などの100％減資に活用される想定で立案されたそうですが，現在は少数株主の排除（スクイーズアウト）に用いられるケースが多い（発行済株式をすべて全部取得条項付株式に変更し，取得の対価として単元未満株を交付する）と思われます。

(h) 拒否権付株式（いわゆる黄金株）

株主総会の決議において拒否権を行使できる株式で，事業承継対策で最も多く目にする種類株式です。株式を承継した後は，オーナーが決定権を持つのではなく，総会決議を拒否する権利だけを残して（拒否権付株式を

1株のみ保有）経営を見守るような形です。

(i) 役員選任権付株式

この株式を所有している株主のみの株主総会（種類株主総会）において，役員の選任を行います。会社の通常の業務執行のほとんどは代表者の名義で行われますので，役員選任権を持つことで，かなりの割合で会社経営を掌握できるといえるでしょう。事業承継の場面においては，オーナーが拒否権付株式を保有するパターン，後継者の保有株式について議決権を制限するパターンのほかに，この役員選任権付株式をオーナーが保有するパターンもあわせて検討するとよいでしょう。

② 導入の流れ

種類株式を導入する場合には，まずその発行内容を定める定款の変更を株主総会特別決議により行います。既存の株式の一部を種類株式に変更する場合には，その後，変更対象の株主及び変更対象とならない株主の双方（＝総株主）の同意が必要になり，その後登記手続きを行う流れとなります。株式を渡した後に議決権を制限しようとしたら，同意が取れず種類株式が導入できない，ということのないよう留意してください。

(2) 属人的株式

属人的株式（会社法109②）は，議決権・配当・残余財産分配の3点について，定款により株主ごとに異なる定めを置いたものをいいます。オーナーから若い後継者へ株式を移転する際に，オーナーの議決権を1万倍などとしておくことで，株式を移転させても議決権を渡さないということも可能になります。

非公開会社（譲渡制限株式のみを発行する会社）のみがこの定めを置くことができ，その導入には，株主総会の「特殊決議」（会社法309④，総株主の半数以上かつ総議決権の4分の3以上の賛同が必要）が必要となります。少数株主が多数いる会社などは導入にハードルがあるといえます。

また，種類株式とは異なり，属人的株式の導入は登記事項でないため，外部から履歴事項全部証明書を取得してもその状態は判別できません。中には書類の紛失により会社自身にもわからなくなってしまうケースもあります。

種類株式との使い分けとしては，拒否権付株式を例にした場合，拒否権付株式を保有するオーナーが亡くなった際に，相続人が同株式を取得するのに対し，属人的株式としての取扱いは人物ごとに行われますから，当然その効果（議決権1万倍など）は相続されません。後継者の属性や会社の要請に応じて，どちらがよいか検討するとよいでしょう。

ヒヤリハット事例

無議決権株式を導入したが，種類株主総会について検討していなかった。

無議決権株式を導入して，後継者以外の相続人や外部株主などへ移転した場合，無議決権の株主の発言権が全く失われてしまう，というわけではありませんので注意が必要です。

なぜなら，特定の種類株主が不利になるような定款変更や増資・組織再編などについては，「種類株主総会」の決議が必要となるためです。会社法においては，ある種類株式を保有している株主（種類株主）が不利となり得る行為について，その種類株主ごとの株主総会決議を必要としており，無議決権株式を保有している株主についても同様の取扱いが適用されます。

具体的には，普通株式の株主のみを対象に有利発行増資を行う場合，種類株主総会（無議決権株主のみでの株主総会）の決議を必要とするほか，組織再編など一定の決議時には，反対株主の買取請求権が認められており，結果として高い金額で買い取らざるを得ないことがあります。

8　第三者株主の活用

オーナーから後継者に株式を移転する以外に，信頼できる役員・従業員や従業員持株会，取引先や投資育成会社などに株式の一部を持たせて安定株主とする対策があります。オーナーの所有する株式数を減少させ，相続税の負担軽減を図る方法です。

自社株評価の仕組み上，同族株主以外の株主が取得した株式は，配当還元方式によって評価されますので，低い価額での譲渡が可能となります。対して，オーナー家で買い戻す場合には原則的評価方式が適用されます。企業にとって株主は決して無視できない存在であるとともに，将来的に買い戻すこととなった場合には大きな資金負担が生じることも多く，親族外に自社株を持たせることが本当に問題とならないか，よく検討のうえ実行することが必要です。

また当然ですが，オーナー家が引き続き所有する株式については，別途，相続・贈与・譲渡などによって株式を承継する必要がありますので，他の手法との組み合わせとなります。

(1)　役員・従業員や従業員持株会への移転

①　税負担軽減効果

役員・従業員や従業員持株会へ株式を移転する対策は，役員・従業員のモチベーションアップや経営者意識の醸成を狙いつつ，オーナーから後継者へ相続等する株式数を減少させて税負担を減少させるメリットがあります。

（例）

相続人	後継者のみ
自社株評価	1億円
その他財産	1億円

	①自社株をすべてオーナーが所有する場合	②自社株のうち30%を従業員持株会に移転した場合
相続財産	2億円	1億7,000万円
相続税	(2億円－3,600万円)×40%－1,700万円＝<u>4,860万円</u>	(1億7,000万円－3,600万円)×40%－1,700万円＝<u>3,660万円</u>
差額	—	△1,200万円

このように，オーナーが自社株を1億円，その他財産を1億円所有している場合，自社株の30%を従業員持株会に移転しておくことにより，相続税額は1,200万円減少することとなります。

②　役員・従業員への移転について

信頼できる役員・従業員へ株式を移転させる場合のポイントですが，持株会の組成運営などの手間がない代わりに，退職時の売渡しを強制できないこと・死亡した場合に相続人へ株式が承継されてしまうことによるリスク（種類株式の一種である取得条項付株式にて一定の対策が可能です）や，株主となった役員・従業員それぞれが株主総会における議決権を持つことが，会社の安定的な事業運営にとってマイナスにならないかを検討する必要があります。

③　従業員持株会への移転

対して，従業員持株会に株式を移転させる場合は，持株会の組成運営などの手間やコストが生じる代わりに，持株会規約によって，その退職や死亡の際に一定の価格（額面・配当還元評価額など）で強制的に買い取ることが可能となります。また，持株会の保有株式は理事長が一括してその議決権を行使することから，従業員が直接的に株主総会の発言権を得ることがない点も特徴です。

ただし，規約で定めた低い価格での強制買取りが可能となるメリットと裏腹に，従業員の資産形成に対してはプラスになりにくいということがいえ，従業員にメリットを生む仕組みを作るためには，配当金を支給したり，持株会参加者への奨励金を支給したりと，結局は会社側の資金負担を伴う設計となりますので注意が必要です。

また，持株会の会員が減少してしまうと，持株会が退会会員から株式を買い取る資金が不足してしまい，会社からの貸付けが嵩んだ結果，解消のための自己株式取得が高額なみなし配当課税を伴うケースなども想定されます。

(2)　外部株主への移転

役員・従業員や持株会など社内の人員に適任者がいない場合には，取引先や投資育成会社，事業承継ファンドなどの第三者に株式の一部を移転することが考えられます。社内人員へ移転する場合と比べて，オーナーによる統制が効きにくく，配当の継続や買取り時のキャピタルゲイン（値上がり益）を求められる割合が高くなりますので，会社からの資金流出は増える傾向にあります。

特に，配当については，外部株主だけでなく，配当によるキャッシュインを必要としていないオーナー株主にも配当金が支払われることとなり，会社の資金流出＋オーナー株主の所得税負担という二重のデメリットにもなり得ます。

配当金を支給すべき安定株主がいる場合には，配当優先株式などの種類株式の活用も検討するとよいでしょう。

ヒヤリハット事例

親族外株主へ移転した後，買戻しの際に大きな税負担が生じた。

親族外株主への株式の移転の際は，一般に，相手方が同族株主以外の株主となることから，配当還元方式による評価となり，低い価格での移転が可能です。

対して，その株主から株式を買い取る際には，原則的評価方式による高い評価が適用され，大きな資金負担が生じるケースが多くあります。

【事例】

額面金額		1,000 万円
相続税評価額	原則的評価	1 億円
	配当還元評価	500 万円

○　オーナーが所有する 100%のうち，30%を出資金額の 300 万円にて親族外の役員へ移転

○　その後同額にて買戻し

役員への移転時	
オーナーの課税関係	**役員の課税関係**
譲渡益なし ∴譲渡所得税の課税関係なし	500 万円×30%＝150 万円＜300 万円 ∴贈与税の課税関係なし

買戻し時（オーナーが購入する場合）	
オーナーの課税関係	**役員の課税関係**
①　1 億円×30%＝3,000 万円＞300 万円 ②　①－300 万円＝2,700 万円 ③　②に対する贈与税：約 1,000 万円	譲渡益なし ∴譲渡所得税の課税関係なし

買戻し時（会社が購入する場合）	
オーナーの課税関係	**役員の課税関係**
①　1 億円－300 万円＝9,700 万円 （実行後のオーナー持分の評価） ②　①－7,000 万円＝2,700 万円 ③　②に対する贈与税：約 1,000 万円	譲渡益なし ∴譲渡所得税の課税関係なし

本事例の場合，役員への移転時に課税関係は生じないが，オーナーが買い戻すケースと会社が買い戻すケースのそれぞれにおいて，高額な贈与税課税が生じる。したがって，親族外株主へ株式を移転する場合には，その後買い戻しが生じる可能性がないか，あらかじめ検討する必要がある。

第3章

株式集約のポイント

1 株式集約の概要

いわゆる「オーナー経営」には多くの利点（柔軟で迅速な意思決定・長期的な視点に立った経営がしやすいこと，株主コストが最小限で済むこと等）がある一方，経営への関与が薄い株主の数・持株割合・議決権割合が多い場合には，それらの利点が十分に発揮されないことがあります。

具体的には，配当金の支払い，決算書や株主総会決議事項の開示・説明，株主総会招集や株主名簿管理などの事務負担，少数株主権（株主代表訴訟・帳簿書類の閲覧請求・取締役の解任請求等）への配慮，M&Aによる株式売却の際の収入が少なくなることなど，様々な影響が考えられます。

中でも，中小企業において一番問題となりやすいのが，株主からの買取要請です。買取要請に応じないという選択肢もあるのですが，株主の取り得る対抗手段（譲渡承認請求，少数株主権の行使）が非常に強力であるために，会社側が歩み寄る選択肢を取らざるを得ないケースがあります。競合他社や社会的に繋がりを持つべきでないような譲受人を指定して株式譲渡の承認請求を受ければ，会社側としてはその譲渡を不承認として自社で買い取ることにならざるを得ません。また，中小企業においては，株主総会の運営等が会社法の規定どおりの手続きによって運営されていないケースもありますし，オーナーと会社の関係がきっちりと整理できておらず，渾然一体となっていることも多いですから，取締役に対して株主代表訴訟を起こされることも考えられます。

もちろん，株主との関係が良好で，差し当たっての問題は生じないという場合がほとんどなのですが，数年から十数年先，オーナーと株主それぞれにおいて相続による代替わりがあったとしたらどうでしょうか。株式集約は，株主との関係が良好なときに実行することが肝要です。

(1) 株式集約のパターン

株式集約を検討する場合には，以下の順序で検討するとよいでしょう。それぞれの項目において，現在の株主との関係・その株主が亡くなった場合の相続人との関係の両方について検討することが望ましいです。

① 名義株として処理できないか

旧商法時代に設立した会社は，設立当時に発起人が７人以上必要だったために，株主の名義借りが多くあったようです。出資金を負担せず，現に株主としての権利（配当・議決権行使など）を持っていない人については，名義株を真正な名義に戻すという形で手続きができないか検討します。

税務署に説明ができるよう，名義株であることについて対象株主と確認し，確認書や合意書を作成しておくとよいでしょう。

② 額面金額など低い対価で譲ってもらうことが期待できるか

実務上，一番多く見かけるパターンです。低い水準の株価で譲ってもらう場合，税務上の評価との差額について課税がされますので，株価対策による税負担軽減を検討してください。また，株主側において相続が起こった際には相続税評価額が相続人に把握される可能性がありますので，関係の良好な株主が健在のうちに買取りを打診すべきといえます。

③ 相続税評価額・法人税法上の時価等の水準によって譲ってもらうことが期待できるか

株主側において株式の価値について一定の認識があるケースでは，額面金額など低い水準での買取りは打診しにくいことが多いです。この場合，税務上の評価を買取り金額の指標にすることがありますが，株主との関係性や先方がどのくらいの水準と認識しているのかを考えつつ，相続税評価額・法人税法上の時価のどちらで承諾が取れるか，株価対策後の水準で提示することは可能か，などを検討してください。

④　議決権を制限できるか

株主側の心情もあって，友好的ではあるが買取りには応じてもらえない，というケースもあります。オーナーや後継者の議決権割合が不足している場合には，配当優先無議決権株式に転換するなどの対策に同意してもらえるかどうかを検討してください。種類株式への転換については総株主の同意，属人的株式の規定導入には株主総会の特殊決議が必要になりますので，基本的には株主に協力してもらえる関係性であることが前提となります。

⑤　強制的に買い取ることができるか

合意によって買い取ることが難しく，また，議決権の制限も難しければ，最終手段として，強制的な買取り（スクイーズアウト）を検討します。オーナーの持株割合等に応じて取り得る手段が数パターンありますので，スクイーズアウトの内容解説を確認し，最適な手法を選択してください。

なお，この段階では対象株主とは友好的な関係でないことが前提ですので，買取価格は裁判所の価格調停を意識した目線（≒時価純資産価額）にせざるを得ません。

⑥　上記いずれも難しい場合

いずれの手法も適さない場合には，なるべく利益を調整し今後の利益蓄積が少なく済むようにしたり，役員退職金などで純資産価額を減少させることを検討し，高額での買取り要請を受けた際などの会社へのダメージを減らすことを狙うこととなります。

(2)　所在不明株主

関係の薄い株主が，会社に連絡なく転居したり，死亡した際にその事実を会社が把握できなかった場合などで，会社として株主の所在がわからず連絡がつかなくなってしまうことがあります。連絡がつかないため相対での株式買取りができません。このような株主が増えてしまうと，株主総会決議を有効に行うことができなくなってしまう恐れもあります。

会社法上，会社からの通知が継続して5年間到達せず（宛先不明で返送される），配当金の受領も継続して5年間なかった場合には，公告・裁判所の許可など所定の手続きを経て，会社がその株式を株主に代わって処分することができます（所在不明株主の株式売却）。なお，この5年の期間については，経営承継円滑化法による特例があり，一定の要件のもと，1年間に短縮することが可能なケースがあります。

所在不明株主の株式売却制度によらず，先述のスクイーズアウトの手法を活用することも考えられますので，広い視野で会社の状況に合った手法を選択していくことが求められます。

2　個別合意による集約

個別合意による集約が可能であったとしても，買取価格が時価に比べて極端に低いなど税務上問題となる価格である場合，想定外の課税が生じる可能性があります。

以下，(1) 額面金額など低い対価で譲ってもらう場合，(2) 相続税評価額により譲ってもらう場合，(3) 法人税法上の時価により譲ってもらう場合に分けて，買主側で採用される株価と留意点を説明します。

(1)　額面金額など低い対価で譲ってもらう場合

買主の立場からは最もコストを抑えられる方法ですが，その反面，税務上の問題が起きやすいパターンといえます。

同族株主以外の個人が買い取る場合，株式は配当還元価額により評価されるため，基本的には買主への課税はありません。ただし，親族外の役員など，オーナー家以外が株主になることが想定されるため，将来の資本戦略にリスクを抱えることになり，根本的な解決にはならないでしょう。

一方，同族株主の個人が買い取る場合，株式は相続税評価額により評価されます。また，法人や自社で買い取る場合，株式は法人税法上の時価により評価されます。仮に相続税評価額や法人税法上の時価よりも低い価額で買い取った場合，その差額は売主から買主や既存株主への贈与とみなされ課税されます。したがって，買主は買取価格に加えて贈与税（法人が買い取る場合は法人税）課税による税負担も考慮した上で，買取りの可否を検討する必要があります。

また，法人が買い取る場合で，買取価格が法人税法上の時価の２分の１未満であるときは，法人税法上の時価で譲渡したものとみなされ，売主側は対価が得られない部分に対しても所得税が課税されるため，十分に注意が必要です。

なお，同族株主以外が所有する株式を自社が買い取る場合には，買い取る株式数やその会社の過去の買取り実績等を勘案し，実務上，配当還元価額により評価するケースもあります。

(2) 相続税評価額により譲ってもらう場合

売主・買主双方の立場から納得感の得られやすい株価が相続税評価額ですが，相続税評価額は直前期の会社の業績によって大きく変動するため，採用される相続税評価額（直前期の業績）が売主・買主双方にとってどのように映るのか，慎重に検討する必要があります。

特に，直前期の利益水準が通常時と比較し異常値である場合には注意が必要です。直前期の本業の利益水準が高いにもかかわらず，株価の引下げ対策後に算定された低い相続税評価額を，売主側が適正な株価と判断してくれるとは限りません。

相続税評価額で買い取る場合には，相続税評価額が採用される同族株主の個人が買い取るのが一般的です。その際，同族株主の個人の中でも若い世代（後継者など）で買い取ることができれば，その株式については事業承継対策を同時に実行できることになるため，オーナー家の相続対策の観点では有利な可能性があります。

法人や自社で買い取る場合，株式は法人税法上の時価により評価されるため，相続税評価額で買い取った場合には，その差額が売主から買主や既存株主への贈与とみなされ課税されます。したがって，買主は買取価格に加えて贈与税（法人が買い取る場合には法人税）課税による税負担も考慮したうえで，買取りの可否を検討する必要があります。また，法人が買い取る場合で，買取価格が法人税法上の時価の２分の１未満であるときは，法人税法上の時価で譲渡したものとみなされ，売主側は対価が得られない部分に対しても所得税が課税されるため，十分に注意が必要です。

(3) 法人税法上の時価により譲ってもらう場合

法人税法上の時価で買い取る場合には，売主・買主のいずれかが法人であるケースが一般的です。法人税法上の時価は，相続税評価額と比較して価格が高くなるため，買主側の資金繰りに注意する必要があります。特に，買取資金について銀行から融資を受ける場合には，買取後に借入金の返済が必要であるため，返済計画についても十分に検討すべきでしょう。

なお，個人株主から自社で買い取る場合には，売主側はその株式を譲渡したのではなく，その会社から配当を受けたものとして所得税・住民税が課税（累進課税，最高税率55%）されるため，活用の場面は多くありません。

ヒヤリハット事例

新設法人を作って分散株式を買い取ることにしたが，法人税法上の時価が高く，多額の集約資金が必要になってしまった。

新設法人が買い取る場合，株式は法人税法上の時価により評価されます。個人で買い取る場合に採用される相続税評価額と比較して価格が高くなるため，多額の集約資金が必要になる場合があります。

【事例】

会社規模	大会社
類似業種比準価額	@ 1,000円
純資産価額	@ 5,000円
買取対象株式数	10,000株

個人（同族株主）が買い取る場合 ＝相続税評価額	@1,000 円×10,000 株＝1,000 万円
新設法人が買い取る場合 ＝法人税法上の時価	@3,000 円×10,000 株＝3,000 万円

この場合，相続税評価額は 1,000 万円，法人税法上の時価は 3,000 万円であり，個人が買い取る場合に比べて 3 倍の買取資金が必要となってしまった。株式を集約する際には，集約資金がいくらかかるのかをあらかじめ算定し，手法を検討する必要がある。

ヒヤリハット事例

個人（同族株主）から自社が買い取る際，配当還元価額を採用してしまい，想定外の納税が発生してしまった。

自社が買い取る場合，株式は法人税法上の時価により評価されます。配当還元価額で買い取ってしまった場合，低い価格で買い取った会社の価値が上昇し，その価値上昇分が売主から既存株主への贈与とみなされ，既存株主へ贈与税が課税されます。

【事例】

○　社長の持分 80%，社長の弟の持分 20%

○　社長の弟の持分 20%を自社が配当還元価額により買取り

○　買取りにより社長が所有する自社株の相続税評価額が 8,000 万円から 1 億円に上昇

社長に課される贈与税
（1 億円－8,000 万円－110 万円）×50%－250 万円＝695 万円

本事例の場合，自社が個人から株式を低い価格で買い取ったことにより，既

存株主である社長が所有する自社株の株価が，8,000 万円から 1 億円に上昇してしまった。この 1 億円と 8,000 万円の差額に贈与税が課されることになり，695 万円の納税が必要となってしまった。

したがって，自社が株式を買い取る場合には既存株主へのみなし贈与が生じないか，あらかじめ確認する必要がある。

ヒヤリハット事例

自社で買い取る場合の会社法上の手続きを軽視した結果，他の株主にも譲渡の機会を与えてしまった。

自社で買い取る場合の会社法上の手続きは大きく分けて 3 通りあります。選択によっては，他の株主に譲渡機会を与えることになります。それぞれの特徴を把握し，慎重に選択した上で手続きを進める必要があります。

全株主に申込みの機会を与える（会社法 158）	・株主総会の普通決議 ・他の株主に譲渡機会を与える
特定の株主から取得する（会社法 160 ②③）	・株主総会の特別決議 ・他の株主に譲渡機会を与える （※） 他の株主にも売主追加請求権があるため
特定の株主からの譲渡承認請求を承認せずに会社が買い取る（会社法 155）	・株主総会の特別決議 ・他の株主に譲渡機会を与えない ・法務局への供託が必要

3 強制的な買取り手法（スクイーズアウト）

株主との合意によって株式を買い取ることが難しい場合，強制的な買取り手法によって集約することが検討されます。オーナーの持株割合等によって取り得る手法が変わりますので，各手法について要件や特徴を整理し，対策を検討してください。

(1) 特別支配株主による株式等売渡請求制度（議決権90%以上）

① 手法の概要

会社の議決権90%以上を保有する1人の株主（特別支配株主）がいる場合，その株主は，自身以外の株主全員に対して，その会社の株式を売り渡すことを請求（≒強制的に買取り）できる制度です。

平成26年の会社法改正により導入された比較的新しい制度で，株主総会決議や裁判所の手続きなどが必要な従来の手法に比べ，少ない手続きで迅速・機動的にスクイーズアウトが実行できる制度です。

② 手続きの流れ

(a) 特別支配株主から会社に対し，買取価格・取得日等を通知

(b) 会社において，取締役会又は代表取締役が承認（株主総会不要）

(c) 会社から少数株主に対して通知

(d) 取得日に買取りが実行される （※）代金の決済がなくても効力が生ずる

③ 注意点等

特別支配株主の要件については，オーナー家で90%以上確保するのではなく，1人の株主で90%以上の議決権が必要となります。ただし，1人で100%保有し

ている会社があれば，その会社の持分も加算することが可能です。

また，買取価格については特別支配株主が1人で決定することが可能ではありますが，売主側においては価格決定の申立てができ，その場合には裁判所が価格を決定することとなりますし，価格が著しく不当であれば実行差し止めとなることもありますので，あらかじめ妥当な買取価格を設定することが必要です。

(2) 金銭対価株式交換（議決権3分の2以上）

① 手法の概要

株式交換は，ある株式会社が他の株式会社の株式を100％取得する組織再編行為で，株主総会の特別決議を前提に，2社間の契約によって実行できる手法です。一般には，株式取得の対価として，親会社となる会社の株式を発行することが多いですが，スクイーズアウトの場面においては，金銭を対価として用います。

通常，金銭を対価として株式交換を行った場合，非適格組織再編に該当し子会社資産の時価評価が必要になるのですが，平成29年度税制改正によって，親会社が議決権3分の2以上を有する状態において実行する場合には，適格要件を満たすこととされました。

なお，同改正においては，特定支配株主による株式等売渡請求や，後述する端数株式を割り当てるタイプのスクイーズアウト手法まで含めて，株式交換として扱われる改正がされています（各手法において税務上の取扱いは同じです）。

② 手続きの流れ

(a) 交換比率（買取価格）の算定

(b) 親会社・子会社において取締役会の承認

(c) 株式交換契約の締結

(d) 株主保護期間（20日），債権者保護期間（1ヶ月）（※）同時に進める

(e) 親会社・子会社の株主総会特別決議

(f) 株式交換の効力発生・対価支払い

③ 注意点等

株式交換は株式会社と株式会社の間で行われる契約ですので，個人株主が個人で集約するケースには向きません。また，親会社において債権者保護手続きが必須となることから，決算公告及び組織再編の公告が必要ですので注意してください。

(3) 端数株式を交付する手法（議決権3分の2以上）

① 手法の概要

上記2つの方法は比較的新しい手法であり，従前から最も用いられてきた手法は，少数株主の持分を1株に満たない端数とすることで強制的に換価するというものです。

会社法上，1株未満の端数については，会社が競売し，代金を株主に交付することとなっているため，強制的な排除が可能です。とはいえ，非上場株式が競売で換価されることは現実的でなく，裁判所の許可を得たうえで，競売に代えて会社やオーナーが買い取ることとなります。

少数株主の持分を端数株式とするための手法については，株式併合によるパターンと，全部取得条項付種類株式の取得対価として端数株式を割り当てるパターンがあります。

② 手続きの流れ（株式併合）

(a) 株式併合にかかる取締役会決議

(b) 株主保護期間（20日）

(c) 株式併合にかかる株主総会特別決議

(d) 株式併合の効力発生

(e) 端数株式の買取りにかかる取締役会決議

(f) 裁判所への申立て～許可

(g) 買取代金の交付

③ 手続きの流れ（全部取得条項付種類株式）

(a) 株主総会特別決議（発行済株式のすべてを全部取得条項付株式に転換）

(b) 株主保護期間（20日）

(c) 株主総会普通決議により全部取得条項付株式を取得し，普通株式を交付（少数株主の持分が端数株式になるよう交付割合を調整）

(d) 端数株式の買取りにかかる取締役会決議

(e) 裁判所への申立て～許可

(f) 買取代金の交付

④ 注意点等

端数株式の買取価格の設定については，裁判所の許可を必要とするため，相応の疎明資料が必要となります。

全部取得条項付種類株式を活用するパターンでは，株主総会が複数回必要であったり，手続きが煩雑でわかりにくいことから，近年では株式併合によるパターンの方が一般に使われているようです。

(4) 相続人に対する株式の売渡請求

先述したスクイーズアウトの各手法とは少し趣旨が違いますが，相続により承継された譲渡制限株式については，定款の規定に基づき相続人から強制的に買い取ることが可能です。株主総会の特別決議（買取対象となる株主は出席できません）のうえで，被相続人の死亡から1年以内に対象株主へ通知することが必要です。

【著者プロフィール】

ミライズ税理士法人

愛知・岐阜・三重・静岡を中心に相続・事業承継案件を年間150件以上扱う税理士法人。「ともに豊かな未来へ」が経営理念。お客様との対話を重視し，お客様の未来に向けた最善策を提案している。グループ会社には，M&A，遺産整理，保険，資産運用，不動産活用に専門力を持つメンバーが揃い，ワンストップで解決できる体制を構築している。

楠美　智弘（くすみ　ともひろ）

ミライズ税理士法人パートナー，税理士。大手税理士法人勤務を経て，ミライズ税理士法人の共同出資者として経営に参画。主に相続・事業承継案件に従事し，相続税申告の担当実績は250件を超える。セミナー講師や大学・高校での授業講師など，豊富な講師実績をもつ。

加藤　舜（かとう　しゅん）

ミライズ税理士法人パートナー，税理士。大手税理士法人勤務を経て，ミライズ税理士法人の開設メンバーとなる。親子間承継・傍系親族への承継・社内承継・M&A・組織再編・株式集約など中小企業の事業承継・資本政策案件に数多く携わる。

執筆協力

杉本　光司

尹　淳実

ヒヤリハットで身につく
取引相場のない株式に係る承継手法と株価引下げのキホン

2024年 3 月30日　初版発行

著　者　楠美智弘
　　　　加藤　舜
発行者　大坪克行
発行所　株式会社 税務経理協会
　　　　〒161-0033東京都新宿区下落合1丁目1番3号
　　　　http://www.zeikei.co.jp
　　　　03-6304-0505
印　刷　美研プリンティング株式会社
製　本　牧製本印刷株式会社
デザイン　株式会社グラフィックウェイヴ
編　集　中村謙一

本書についての
ご意見・ご感想はコチラ

http://www.zeikei.co.jp/contact/

ISBN 978-4-419-06967-4　C3034